Martina Naubert

Il Mondo delle favole nell'Analisi Transazionale

Favole e racconti psicologici
per lo sviluppo della personalità

Il libro

Il "Mondo delle favole nell'Analisi Transazionale" è una collezione di favole per adulti interessati al tema dello sviluppo della personalità come un processo continuo. Esse sono narrate in uno stile antico simile alle favole storiche brevi. Operando a livello inconscio, ogni storia è creata sulla base della filosofia dell'Analisi Transazionale (AT), allo scopo di trasmettere messaggi impliciti che anche un lettore ignaro dei modelli e delle teorie dell'AT può apprezzare. I racconti sono raggruppati in storie singole, in cui non vi è una sequenza prescritta; tuttavia essi si congiungono a comporre una storia più grande le cui figure si rincontrano nello stesso regno. I racconti rompono delicatamente i ruoli e i modelli di comportamento tradizionale senza perdere il fascino delle figure storiche delle favole.

L'autore

Martina Naubert è nata in Canada, ma è stata educata in Germania e vive oggi con la sua famiglia italiana a Bologna. Dopo cinque anni di formazione presso l'istituto tedesco Rike Steiner a Norimberga ha ottenuto il diploma di "Praxiskompetenz der DGTA" (società tedesca di Analisi Transazionale). Prima di assumere un impiego in Italia come Direttore del personale, poi di Amministratore Delegato in un'azienda mantovana, ha lavorato più di 20 anni come consulente di Leadership e Management in Germania. In questi anni di consulenza, ha lavorato con successo con clienti di diverso livello gerarchico, potendo fare esperienze pratiche nel processo del "problem-solving" a tutti i livelli aziendali. A seguito delle reazioni fortemente positive agli esercizi effettuati sulla base di queste brevi favole, è stata incoraggiata a concretizzare il progetto "Il Mondo delle favole dell'analisi transazionale". Continua ad occuparsi con grande entusiasmo dell'Analisi Transazionale e a gestire progetti di Leadership e Management sia in Germania che in Italia. Attualmente scrive anche romanzi in tedesco ambientati in Italia.

La traduzione

La traduzione dal Tedesco all'Italiano delle favole "TA-Märchenwelt" è stata fatta da Laura Ceccardi. Laura Ceccardi ha conseguito nel 2016 la laurea triennale in Lingue e Culture Europee presso l'Università degli Studi di Modena e Reggio Emilia. Attualmente lavora in uno studio di consulenza per la mobilità globale del personale. Nel frattempo, frequenta il corso di laurea magistrale in Languages for Communication in International Enterprises and Organization presso l'Università di Modena e Reggio Emilia. Da sempre ama la letteratura italiana e straniera ed è fortemente incuriosita dal campo della traduzione.

Martina Naubert

Il Mondo delle favole nell'Analisi Transazionale

Favole e racconti psicologici per lo sviluppo della personalità

Printed and published by BoD –
Books on Demand, Norderstedt, Germania

ISBN: 9783749447145

Contenuto

"Pensiamo che la fiaba e il gioco appartengano all'infanzia: siamo miopi! Come se volessimo vivere senza fiabe e giochi a qualsiasi età! "

Friedrich Wilhelm Nietzsche

(1844. – 1900)

Il libretto segreto

C'era una volta un reame in cui vivevano due zelanti mugnai, ciascuno dei quali possedeva un bel mulino. Il primo si ergeva vicino a un torrente cristallino nel Sud del reame. Il secondo nei pressi di un torrente altrettanto grazioso nel Nord. Nell'intero paese erano conosciuti come il Mugnaio del Nord e il Mugnaio del Sud. Erano entrambi uomini benestanti, dato che lavoravano ottima farina integrale. Persino il mastro cuoco del castello reale era solito comprare da loro.

Un bel giorno giunse presso il Mugnaio del Nord un gruppo di coltivatori, i quali fecero macinare lì tutto il loro grano. Gli

7

domandarono il permesso di prendere un po' di acqua dal torrente per irrigare i loro campi resi aridi dall'arsura estiva. Il mugnaio rifletté che, se avessero preso troppa acqua dal torrente, la ruota del suo mulino non avrebbe più potuto girare. Questo pensiero lo incupì. Ma siccome temeva che, se non li avesse accontentati, i coltivatori sarebbero andati a macinare il grano dal Mugnaio del Sud, acconsentì alla loro richiesta senza battere ciglio. Pensò fra sé e sé che avrebbe potuto negoziare con loro, quando fosse venuto il momento.

Il mugnaio teneva un piccolo libretto segreto, sul quale era solito annotare tutto ciò che non diceva a parole. Il libretto era il suo tesoro segreto più grande. Un giorno sarebbe servito a dimostrare quale buon uomo era sempre stato. Così, anche questa volta, egli vi annotò le sue preoccupazioni, senza esprimerle a parole, ed immediatamente si sentì sollevato e dimenticò la faccenda.

Mentre i coltivatori si affaccendavano a scavare canali per prendere l'acqua, giunse al mulino il mastro cuoco del castello. Il cuoco domandò al mugnaio di poter comprare tutte le scorte di cui egli era provvisto, in vista una grande festa al castello. Il mugnaio rifletté che aveva bisogno di un po' di farina per cuocere il pane, e che i tutti i fornai nel nord del reame contavano su di lui per gestire i propri forni. Se avesse venduto al cuoco tutte le sue scorte ora, non ne avrebbe avute a sufficienza per rifornire i fornai. Ma siccome il mastro cuoco era un nobile Signore che aveva in amicizia la casa reale, decise di tacere e acconsentire. Pensò fra sé e sé che avrebbe potuto fare ingresso a corte, quando fosse venuto il momento. Nel frattempo annotò queste considerazioni nel libretto segreto.

Il mastro cuoco si presentò il giorno seguente con quattro carri per caricare i sacchi di farina. Era in compagnia della piccola principessa, la quale non aveva mai visto un mulino ed era stata mandata dalla regina proprio per apprendere la tecnica di macinatura della farina.

Mentre il mastro cuoco caricava i sacchi, il mugnaio spiegava alla piccola principessa come la ruota del mulino muovesse le macine, trasformando così il grano in farina. Il gatto del mugnaio nel frattempo si muoveva senza sosta intorno alle gambe della principessa e si lasciava carezzare da lei.

Quando il mastro cuoco ebbe finito di caricare e volle ripartire, la principessa pregò il mugnaio di volerle lasciare il gattino. Il mugnaio rifletté che senza quel gatto non sarebbe stato più padrone dei topi che si intrufolavano nel mulino, attratti dal grano, e che un'infestazione di topi in un mulino era un gran problema.

Ma siccome la piccola che lo pregava con tanta insistenza era la figlia del re e della regina, non se la sentì di rifiutare la richiesta. Tacque e lasciò che la principessa portasse il gatto via con sé. Pensò fra sé e sé che sarebbe stato ricevuto a corte, quando fosse venuto il momento. Nel frattempo annotò queste considerazioni nel libretto segreto.

I giorni passarono e il mugnaio dimenticò quanto accaduto, finché una mattina al suo risveglio non udì più il rumore scricchiolante delle macine. Si precipitò fuori a vedere.

Ma cosa videro i suoi occhi! Il torrente, un tempo limpido, era divenuto un rigagnolo e la ruota del mulino rimaneva immobile e non si muoveva più di un centimetro.

9

"Ahimè!" si lamentò il Mugnaio del Nord, con le mani tra i capelli. "Che tragedia! L'acqua non basta più a far girare il mulino! Ahimè! Povero me!"

Si ricordò allora del favore concesso ai coltivatori. Decise di andare subito da loro per reclamare la questione del fossato.

Non appena il primo coltivatore lo scorse in lontananza, gli si rivolse in maniera cordiale:

"Che bello rivedervi, Mugnaio del Nord! Siete venuto a portarmi la farina del grano che vi ho lasciato?!"

Il mugnaio si ricordò allora del favore concesso al mastro cuoco, al quale aveva venduto tutte le sue scorte. Anche la farina del coltivatore.

"Ahimè! Ahimè!" si lamentò fra sé e sé. "Come posso fare!? Tutta la farina è al castello! Povero me!"

Decise di andare immediatamente dal mastro cuoco, al castello, per rivendicare un po' di farina.

Corse però prima al mulino, per prendere il libretto segreto in cui aveva annotato tutto quanto. Ma non appena varcata la soglia, fu sorpreso dalla confusione di centinaia di topi che, diligenti, avevano costruito il proprio nido nel mulino e ora si accalcavano in disordine l'uno contro l'altro.

"Ahimè! Ahimè!" si lamentò. "Un mulino con i topi è la rovina del mugnaio!"

L'uomo rammentò allora del favore concesso alla principessa e decise di rivendicare il suo gatto.

Doveva immediatamente dirigersi al castello con il libretto segreto. Soltanto il re in persona avrebbe potuto risolvere la faccenda!

Sellò il suo cavallo e partì cavalcando in direzione del castello, che era visibile da lontano sulla collina.

"Egregio sovrano", piagnucolò il Mugnaio del Nord. "Io sono la persona più sfortunata del regno! Sono sempre stato buono e onesto. Ho concesso a ognuno ciò che voleva. Ne è prova questo libretto. Tuttavia nessuno si preoccupa del mio benessere! Come ringraziamento per la mia gentilezza, sono stato rovinato!"

E raccontò di come fosse rimasto senza acqua per la sua macina, senza scorte di farina e addirittura punito da un'infestazione di topi. Il re lo ascoltò con calma e appena il mugnaio terminò il racconto, gli disse:

"Caro Mugnaio del Nord, io non posso aiutarvi in questo. Non esiste legge alcuna che stabilisca quanta acqua dovete cedere. Non esiste legge alcuna che imponga quanta farina dovete vendere. E non esiste legge alcuna che vi ordini di donare il vostro gatto – neppure a una principessa. Dovete capire da solo come poter risolvere la questione. "

"Questo è ingiusto!" gridò il Mugnaio del Nord, non volendo ammettere che era stato la causa del suo male. Adirato, si precipitò fuori dal castello. Ad ogni passo la sua furia aumentava, poiché in cuor suo sapeva che il re aveva ragione. E più si allontanava, più la sua rabbia cresceva e il suo corpo diventava caldo. Accecato dalla rabbia, il suo corpo minacciava di esplodere e – PUFF! – si tramutò in un drago cattivo. Divorò il libretto segreto e arrancò, fumante, in direzione dei boschi.

Nello stesso periodo giunsero alcuni coltivatori anche dal Mugnaio del Sud. Similmente domandarono di poter scavare un canale per prendere acqua dal torrente, e anche il Mugnaio del Sud rifletté che la ruota del suo mulino necessitava di acqua per girare. Altresì non voleva indispettire i coltivatori, di modo che continuassero a portare lì il loro grano. Per questo rispose:

"Se volete scavare un canale dietro al mio mulino, allora mi andrà bene! Se l'acqua è sufficiente a far girare la macina del mio mulino, allora potete utilizzarne volentieri per i vostri campi."

Anche il mastro cuoco del castello si presentò per comprare tutte le scorte per una festa. Ma il Mugnaio del Sud rispose: "Vi posso vendere soltanto due terzi delle mie scorte. Il resto mi serve per portare avanti il mio commercio."

Il mastro cuoco si arrabbiò e ribatté che la farina serviva alla corte reale. Lo minacciò di raccontare tutto al re e alla regina. Ma il Mugnaio del Sud prese il coraggio a due mani e propose:

"Se comprate dai coltivatori un paio di patate e castagne, potrete ottenerne della farina. Non sarà fine come la farina di farro, ma potrete ricavarne nuovi piatti che saranno una bella sorpresa per la festa!"

L'idea piacque al mastro cuoco, che accolse la proposta. Quando egli tornò al mulino con le patate e le castagne, scese dalla carrozza anche il piccolo principe. La sorella gli aveva raccontato del mulino e del mugnaio, dal quale aveva ricevuto in dono un meraviglioso gattino. Ora anche lui voleva vedere un mulino e ricevere in dono un bel gatto.

Il Mugnaio del Sud temeva che il re si sarebbe infuriato, se non avesse acconsentito alla richiesta del principe. Eppure, con coraggio e astuzia, era riuscito a convincere il mastro cuoco a comprare della farina in altro modo. Seppur con difficoltà, rispose al principe:

"Non posso darvi la mia gatta. Mi serve qui, affinché catturi i topi e mantenga il mio mulino pulito."

Il piccolo principe incrociò le braccia al petto con aria contrariata.

"Il Mugnaio del Nord ha donato un gattino a mia sorella!" replicò offeso. Anche il mastro cuoco rivolse al Mugnaio del Sud un'occhiata inferocita.

"Beh", rispose il mugnaio. "Forse il Mugnaio del Nord possedeva due gatti e per questo ne ha potuto regalare uno? Io però ho soltanto questa. Posso certamente donarvela ma soltanto dopo che avrà catturato l'ultimo topo. Se aspetterete per il tempo necessario, allora saremo d'accordo."

Il piccolo principe rifletté un momento. L'offerta gli parve onesta e dopo poco annuì "D'accordo."

Così rientrò al castello insieme al mastro cuoco, senza insistere affinché il suo desiderio venisse realizzato subito.

Siccome nessuno seppe più nulla del Mugnaio del Nord, da quel giorno in poi tutti presero ad acquistare la farina dal Mugnaio del Sud, e a portare da lui il grano da macinare. La sua gatta continuò a cacciare topi con la diligenza di sempre, e siccome era in buona salute e ben nutrita, la primavera seguente partorì sei piccoli gattini in un angolo del mulino. Il Mugnaio del Sud scelse allora il più piccolo dei gattini e lo portò al castello dal principe, mantenendo così, seppur inaspettatamente, la sua promessa.

Ben presto il Mugnaio del Sud dovette ingrandire il suo mulino e assumere apprendisti, poiché non riusciva a gestire da solo tutto il lavoro. Costruì anche una grossa elica sul mulino, così da poter utilizzare non soltanto l'acqua ma anche il vento per macinare la farina. Il suo mulino, così grande e avvenente, divenne famoso in tutto il reame.

Eppure, da quel giorno la gente fu terrorizzata da un drago malvagio, che si aggirava nelle profondità del bosco, facendo i questo per sempre la sua casa.

Il cappotto ricamato

Un bel giorno giunsero in città un sarto e una sarta. Indossavano lunghe vesti stravaganti e la donna portava un puntino rosso in mezzo alla fronte. Nessuno in città aveva mai visto una cosa simile prima di allora, e tutti si domandarono perché la coppia svolgesse un'attività tanto curiosa, e la osservarono con scetticismo. I sarti fecero esporre una grossa insegna su una casa in fondo alla strada, sulla quale si leggeva "SARTORIA" a caratteri cubitali. Fecero di quella casa la loro abitazione, e poco tempo dopo diedero alla luce una bambina.

La coppia di sarti era così abile con ago e spillo, e capace con i tessuti che avevano portato con sé, che ben presto molte persone iniziarono a farsi commissionare da loro gli abiti per le occasioni particolari. La figlia dei sarti diventò grande e imparò il mestiere dei genitori. Portava, come la madre, un puntino rosso in mezzo alla fronte, ma gli abitanti del reame non lo trovavano più insolito.

Un giorno la madre iniziò a cucire un cappotto invernale per il marito, affinché egli potesse consegnare la merce ai clienti anche nei periodi più freddi dell'anno. Non appena riusciva a ritagliarsi un po' di tempo, lavorava al cappotto.

Al mattino si alzava presto ad accendere il fuoco per riscaldare la stanza da cucito. Suo marito mangiava un pezzo di pane, beveva un bicchiere di latte caldo e si metteva subito al lavoro, sfilandosi dal capo il berretto da notte e gettandolo sul tavolo della cucina. Ogni mattino si metteva al lavoro fischiettando allegramente, poiché era un uomo riposato e di buon umore. La moglie tuttavia tirava sempre un lungo sospiro. E lui, che non voleva guastare il proprio umore, prendeva a fischiettare ancora più forte. Dacché erano giunti nel nuovo paese, tale era il suo rituale ogni mattina.

A mezzogiorno la moglie mandava la figlia dal panettiere a comprare pane fresco per il pranzo. Era compito del sarto recuperare legna da ardere, affinché la moglie potesse cucinare.

"Vado subito" diceva sempre "finisco soltanto quest'ultima cucitura!" E detto ciò si immergeva di nuovo nel suo lavoro, finché la ragazzina non tornava con il pane. Siccome la piccola non voleva che i genitori litigassero per la legna da ardere, era solita uscire fuori di nuovo e tornare dopo poco con una manciata di ceppi. Ma, sebbene si sforzava di non sporcarsi, ogni volta il suo vestitino era imbrattato di legna, e la madre tirava un lungo sospiro. Dacché erano giunti in nel nuovo paese, tale era il suo rituale ogni mezzogiorno.

Quando si faceva sera, il marito metteva da parte il lavoro, si sfregava di occhi e si stiracchiava. Poi si alzava dal tavolo per fare una breve passeggiata davanti a casa. E nuovamente la moglie tirava un lungo sospiro, ancora più forte di quello del mattino e del mezzogiorno. Lui se ne accorgeva sempre ma, siccome lei non diceva nulla, ignorava la questione.

Allora la moglie accantonava il suo lavoro, si alzava ed esaminava i resti di stoffa che lui aveva lasciato come sempre sparsi sul tavolo e, sospirando piano, li riponeva nell'apposito cassettone. Dacché erano giunti nel nuovo paese, tale era il suo rituale ogni sera.

Giorno dopo giorno il sarto e sua figlia si abituarono a tali rituali, e al fatto che la sarta passasse le sue ore a sospirare senza dire nulla.

Ma un giorno ella si stufò di sospirare.

Prese fra le mani il cappotto, quasi terminato, e iniziò a ricamarlo con caratteri raffinati:

Berretto da notte nella camera da letto,
Resti di stoffa nel cassettone

e, inciso in caratteri particolarmente grandi,

Raccogliere la legna per il fuoco.

Affinché le parole fossero ben leggibili, si era fatta preparare dal fabbro un filo di metallo, di quelli che si utilizzavano per le armature dei cavalieri.

Lavorò per molti giorni al nuovo ricamo. Era un lavoro faticoso, tuttavia trovava che la sua opera fosse ben riuscita e ne era felice.

Il marito era allegro del fatto che la moglie avesse smesso di sospirare ancora prima che iniziasse il giorno. La figlia era felice poiché la madre non sospirava più quando lei sporcava il vestitino e alla sera adesso il sarto si godeva lunghe passeggiate, contento del fatto che la moglie non lo avesse salutato con un sospiro.

Quando scese la prima neve il sarto dovette partire in viaggio per consegnare un nuovo abito alla moglie del castellano. La sarta preparò il pacco con la spedizione e lo consegnò al marito con queste parole:

"E' iniziato il freddo. Prendi con te questo nuovo cappotto che ti ho cucito per l'inverno. Mi sono data molto da fare per questo. Osservalo con calma, quando sarai in viaggio."

E con ciò chiuse la porta al marito e si rimise al lavoro. Lavorò per molte ore, più agilmente del solito, e attese con ansia che il marito tornasse.

Egli però non faceva ritorno.

Si fece buio e un vento gelido prese a soffiare sulla casa. Durante la notte nevicò così tanto, che le altre case della città erano a malapena visibili.

Allora la sarta di fece ansiosa e disse alla figlia:

"Tuo padre non è ancora tornato. Non riesce forse a ritrovare la strada con tutta questa neve? Dobbiamo andare a cercarlo!"

La ragazzina indossò un telo sul capo e intorno alle spalle e corse dai suoi amici. Il figlio del fabbro e i fratelli del governatore partirono subito in sella ai loro cavalli, per andare a cercare il sarto.

Non passò molto tempo prima che lo trovassero immobile, seduto in mezzo alla neve, sulla strada proprio davanti alle mura della città.

I giovani fecero per metterlo su un cavallo, ma il cappotto dell'uomo era così pesante che non riuscirono a sollevarlo. Così dovettero chiamare altri amici in soccorso. Soltanto quando furono in sei riuscirono a tirarlo su un carro e a riportarlo a casa. Lì il sarto si sedette su una sedia di fronte al fuoco affinché la neve che lo ricopriva tutto potesse sciogliersi.

"Togliete il cappotto. Qui dentro è caldo, non ne avete più bisogno!" disse la figlia e fece per togliere il cappotto al padre.

Ma non fu in grado di toglierglielo di dosso.

Allora anche la sarta si affaccendò insieme alla figlia per sfilargli le maniche, ma né il cappotto né il sarto si mossero di un centimetro.

"Così non funziona", si lamentò l'uomo. "Non riesco più a muovermi."

La sarta e la figlia osservarono rassegnate l'uomo che, immobile dentro al cappotto, pareva incollato alla sedia.

"Il cappotto deve essersi congelato e per questo è diventato così pesante da non riuscire a sfilarlo!" disse la figlia. "Provate a rimanere seduto davanti al fuoco, vedrete che domani sarà molto più leggero!"

Detto fatto.

Le due ravvivarono la legna affinché il fuoco si mantenesse e si andarono a coricare.

Il giorno dopo trovarono il sarto seduto esattamente come lo avevano lasciato: immobile e rigido nel cappotto. Ora non fischiettava, poiché aveva dormito male ed era di pessimo umore. La figlia gli portò un pezzo di pane e un bicchiere di latte caldo, ma egli aveva un'aria cupa.

Allora la sarta recuperò le grosse forbici da cucito dalla stanza da lavoro e disse: "Mi spiace molto dover distruggere questo cappotto, ma così deve essere!"

Eppure non riuscì a infilare le forbici nella sua stoffa spessa. Per quanto si affaccendasse, non era in grado di sciogliere il filo cucito.

Che cosa si poteva fare?

La sarta e sua figlia presero a riflettere, camminando in cerchio intorno alle sedie e grattandosi il mento. La sarta camminava in senso orario, la figlia in senso antiorario e il sarto osservava a turno ora l'una ora l'altra. D'un tratto prese a girargli la testa, e allora disse:

"Non serve a nulla girare in cerchio! Andate dal fabbro e pregatelo di venire con le sue pinze!"

Ma nemmeno il fabbro con le sue grosse pinze riuscì a fare granché. Il cappotto continuava a tenere il fabbro rigidamente intrappolato.

Nessuno seppe più come fare.

Allora la sarta si fece coraggio, indossò il suo scialle pesante e andò alla porta: "Mi recherò al castello e chiederò consiglio alla regina."

Passò un giorno intero prima che riuscisse a raggiungere il castello, aprendosi un varco tra la neve. Fino a quel momento lo aveva visto soltanto da lontano, sulla collina in mezzo al reame e si stupì nel trovarlo molto più grande e imponente di quanto lo avesse immaginato.

La regina la ascoltò a lungo in silenzio, mentre lei le raccontava tutta la faccenda e come lei stessa si fosse comportata. Quando ebbe finito il suo racconto, la regina rimase in silenzio e la osservò a lungo.

"Beh", proferì dopo un po', "ormai vi è rimasta soltanto una cosa da fare."

Allungò la mano in un recipiente di frutti, che era posato su un tavolino di fianco al trono e allungò questi alla sarta dicendo:

"Cibate vostro marito con questa mela. Per ogni sospiro che avete fatto al mattino!"

La sarta prese la mela e annuì.

"Cibate vostro marito con questa prugna secca. Per ogni sospiro che avete fatto a mezzogiorno."

La sarta prese la prugna volentieri.

"Cibate vostro marito con questa noce, per ogni sospiro che avete fatto alla sera."

La sarta prese anche la noce e infilò tutti frutti nella tasca della sua gonna. Ringraziò la regina e fece per rimettersi subito in cammino.

"Prendete anche questa lanterna, per trovare la strada di casa nel buio", disse la regina, mentre la sarta si stava già accomiatando.

Ciò fu molto saggio da parte della regina, poiché era una notte senza luna, così buia che la sarta si sarebbe senz'altro persa. La lanterna le illuminò la strada corretta e, alle prime luci dell'alba, oltrepassò il portone delle mura e si affrettò verso casa.

Fece ciò che la regina le aveva consigliato e, appena il sarto ebbe finito la mela che sua moglie gli diede da mangiare boccone dopo boccone, i primi fili del ricamo sul cappotto cominciarono a sciogliersi. Veloce, la moglie sfilò il filo dal panno. Nel fare ciò, il pesante filo di piombo si tramutava in un delicato filo d'argento.

Immediatamente la sarta imboccò il marito con la prugna e un altro capo del cucito si sciolse e il filo si trasformò in un sottile laccio d'oro.

Incoraggiata da questi successi, volle nutrirlo subito anche con la noce, ma il sarto era ormai sazio e non voleva mangiare più nulla. Scosse il capo e chiuse la bocca. Provò a muoversi, ma il cappotto continuava a tenerlo imprigionato. Allora si lasciò andare a un lungo sospiro e acconsentì a mangiare anche la noce.

Si sciolsero allora anche gli ultimi resti del cucito e la moglie ricavò dal cappotto uno spago di diamanti. Quando l'ultimo filo fu sciolto il sarto balzò in piedi e prese a saltellare felice per tutta la stanza, sebbene indossasse ancora il mantello. Afferrò la moglie per le spalle e prese a danzare volteggiando con lei per il salotto.

I filamenti preziosi furono utilizzati per ricamare stoffe e creare abiti meravigliosi. Da qual giorno in poi persino la regina commissionò i suoi cuciti ai due sarti, poiché in nessun'altro luogo nel regno si potevano trovare stoffe tanto preziose.

La sartoria divenne famosa in tutto il reame. La figlia apprese l'arte della lavorazione dei filamenti preziosi e ricavarono una buona rendita.

Fino alla fine dei suoi giorni non fu mai più udito un sospiro nella casa dei sarti.

Il signore dei cavalieri

C'era una volta, tanto tempo fa, un sontuoso castello che si ergeva su una collina nel mezzo di un reame. Lì, ogni anno, in occasione del compleanno della reginetta, veniva organizzato un torneo.

Numerosi nobili cavalieri giungevano da ogni luogo per prendere parte alla competizione e vincerla, così da riportare in patria il trofeo.

Ogni anno arrivavano sempre più concorrenti, e i cavalieri del regno iniziarono a brontolare, poiché sempre più spesso accadeva che il torneo fosse vinto da un cavaliere straniero e che tutti gli spettatori lo acclamassero.

"Questo non è giusto", si lamentarono con il castellano, che era colui incaricato di organizzare il torneo. "Noi siamo i cavalieri di questo regno. La gente non si accorge neppure che sta acclamando cavalieri stranieri, poiché questi indossano armature uguali alle nostre e non è possibile distinguerli!"

Per placare il malumore dei cavalieri, il castellano promise che avrebbe riflettuto sulla questione. Tuttavia egli sapeva che gli ospiti stranieri erano stati invitati dal re e dalla regina e temeva perciò di essere malvisto, se avesse escluso questi dal torneo.

Dunque rifletté per un po' a come poteva placare i cavalieri senza far adirare il re e la regina.

Ma non gli venne nessuna buona idea. Perciò, dopo un paio di giorni e vane riflessioni, decise di incamminarsi verso la locanda del paese per chiedere consiglio agli amici.

Forse questi gli avrebbero dato un'idea?

Conosceva bene la strada, siccome vi si recava una volta alla settimana, sempre nello stesso giorno alla stessa ora, per bere un bicchiere di vino o anche due con il fabbro, i sarti e il Mugnaio del Sud.

Ma questa volta, arrivato ai piedi della collina su cui si ergeva il castello e imboccata la via per la città, trovò al bivio, che solitamente era decorato soltanto da un albero e alcuni fiori di campo, una vettura di legno tirata da un cavallo bianco. Davanti alla vettura sedeva un vecchio appoggiato a un bastone.

"Ehi, che faccia preoccupata che avete!" disse il vecchio, "che cosa c'è che non va, buon uomo?"

Il castellano rimase immobile e alzò le spalle.

"Ognuno ha le sue preoccupazioni" rispose, e fece per continuare verso la città.

Ma il vecchio gli sbarrò la strada con il suo bastone.

"Sono proprio la persona giusta per questo!" disse, e con lo stesso bastone indicò una targa colorata sulla vettura, sulla quale si leggeva a caratteri cubitali: Taumaturgo.

"Un miracolo non mi serve, ma un buon consiglio potrebbe farmi comodo!" rispose il castellano.

"Ho già aiutato molti uomini disperati! Raccontatemi che cosa vi affligge!"

Allora il castellano raccontò al vecchio la sua difficile situazione e considerò che, a prescindere da cosa avrebbe deciso, si sarebbe messo contro o i cavalieri o il re e la regina.

"Eppure è molto semplice!" sbottò il vecchio, e fece segno all'uomo di avvicinarsi a lui. Quando il castellano fu abbastanza vicino, curvandosi si accostò al suo orecchio e sussurrò:

"Fate che ci siano due trofei: uno per i cavalieri di questo paese e uno per i forestieri!"

"Questo è proprio un buon consiglio!" si rallegrò l'amministratore. "Siete bravo nel vostro lavoro, questo bisogna ammetterlo!"

"Guardatevi soltanto le spalle e non dite a nessuno che vi ho dato io questo consiglio!" disse il vecchio. "La gente dovrà credere che un'idea così brillante sia frutto del tuo sacco!"

Il castellano annuì scrupoloso, pagò un denaro e riprese la sua strada sollevato.

Ma non sapeva che nei panni del vecchio si nascondeva in realtà un mago cattivo, che viveva in una casa sperduta su una montagna impervia.

Era venuto a conoscenza del malcontento dei cavalieri e gli si era palesata la tanto auspicata opportunità di prendere finalmente il potere. Da un bel po' di tempo ormai avrebbe voluto trasferirsi nel sontuoso castello sulla collina!

Questo castellano ingenuo era facilmente caduto nella trappola e ora lui poteva proseguire con il suo piano per diventare il signore del castello!

Non appena il vagabondo scomparve dalla strada, il mago montò sul suo cavallo e galoppò via. La sua risata beffarda risuonò nella notte.

Quell'anno ci furono, con sorpresa di tutti, due vincitori, i quali cavalcarono la piazza e furono acclamati dal pubblico in misura eguale. Il torneo fu un gran successo e gli ospiti stranieri si congratularono con il re e la regina per questa cerimonia grandiosa.

La nuova idea piacque tanto anche alla reginetta, che dichiarò:

"Il prossimo anno inviteremo al torneo anche tutte le fanciulle più coraggiose del regno! Fra di loro, quelle che vorranno contendersi il trofeo con i cavalieri saranno le benvenute! Sarà un torneo emozionante!"

La messaggera del re e della regina, che era la più veloce nel raggio di miglia, corse a riferire la novità con grande gioia. Era abituata a cavalcare e sarebbe stata lieta di intraprendere una gara di velocità con i cavalieri. Si procurò un'armatura e da quel giorno prese ad allenarsi diligentemente ogni sera.

E così avvenne che l'anno seguente uno dei due vincitori fu proprio lei, e fu molto felice per la vittoria.

Nel frattempo il torneo non era però passato di mente al mago cattivo, il quale aveva ben pensato di mescolarsi ai cavalieri, nascosto in un'armatura nera. Quando la messaggera venne onorata dal re e dalla regina, egli sussurrò a questi:

"Il fatto che una fanciulla prenda parte al torneo in maniera così palese rende le cose difficili. Nessun nobile cavaliere disarcionerebbe mai una donna, piuttosto le si lascerebbe il primato!"

"E' vero!" gridarono allora i cavalieri. "E' davvero una sfida impari, poiché noi che siamo veri cavalieri non potremmo mai vincere!"

Subito si recarono dal castellano per manifestare il proprio malcontento.

"Non è giusto", gli dissero. "Noi siamo i nobili cavalieri di questo regno e ci troviamo a dover onorare le donne, quando invece si dovrebbero onorare i veri cavalieri. Come potremo mai vincere una gara, se il nostro avversario è una donna!?"

Per placare il malumore dei cavalieri, il castellano promise che avrebbe riflettuto sulla questione.

Questa volta si mise subito in cammino in direzione della città e una volta giunto al bivio ritrovò la vettura con il vecchio e il cavallo bianco. Tale fu il suo sollievo che gli allungò subito un denaro, ancor prima che questi iniziasse a parlare.

"Ho di nuovo bisogno del vostro consiglio!" disse, e raccontò di come i fatti si erano susseguiti per far sì che si ritrovasse nella stessa situazione senza via d'uscita in cui si era trovato un anno prima.

"Eppure è molto semplice!" rispose il vecchio e con l'indice fece segno al vagabondo di avvicinare l'orecchio alla sua bocca.

"Sono i capelli della ragazza che distraggono i cavalieri. Fate che non venga mai tolta la visiera, come invece spesso succede!

Neppure durante la cerimonia di vittoria. In questo modo un cavaliere non saprà mai se ha sconfitto un uomo o una donna."

"Questo è proprio un buon consiglio!" disse il castellano. "Siete proprio bravo nel vostro lavoro."

Il castellano ringraziò e volle accomiatarsi in fretta. Ma il mago astutamente lo richiamò a sé.

"Ho sentito che quest'anno neppure uno dei nostri nobili cavalieri ha vinto un trofeo?"

Il castellano borbottò un po', esitando prima su una gamba poi sull'altra. A dire il vero si era già fatto qualche pensiero, che presto i cavalieri si sarebbero rivolti a lui con questa lamentela.

"E' vero", ammise. "Ma la ragazza e lo straniero hanno vinto lealmente e io non posso farci nulla."

Il vecchio afferrò il suo bastone e lo agitò in aria.

"Alla gente questo non piace. Al pubblico dispiace che uno straniero e una ragazza eclissino i nobili cavalieri! Imbarazzare i più alti cavalieri significherebbe coprire di ridicolo l'intero regno."

"La gente dice questo?" domandò il castellano spaventato, poiché d'un tratto realizzava che la sua posizione era ancora più tragica di quando inizialmente temuto! Se il torneo non avesse più suscitato clamore e successo per il re e la regina, e per tutto il reame, per lui sarebbe stata la rovina.

Se fino a poco prima non era stato in grado di decidere il da farsi, ora addirittura si sentiva completamente perduto.

"Avrei un consiglio per voi anche a questo proposito!" disse il mago. "Tuttavia questo vi costerà più di un denaro!"

Siccome il castellano aveva ritenuto i primi due consigli ottimi, era disposto a pagare qualunque prezzo per il terzo. Prese due denari dal suo borsello, ma il vecchio scosse il capo.

"Voglio la vostra parola, che resterete per tutta la vita il fedele servitore dei signori del castello!"

Il castellano era davvero fedele al re e alla regina e trovò che pagare un consiglio così necessario attraverso questa promessa sarebbe stato quasi come riceverlo in regalo. E il fatto che al vecchio stesse tanto a cuore la sua fedeltà ai sovrani fece si che il consiglio risultasse ai suoi occhi ancora più prezioso!

"Lo giuro", disse egli solennemente e senza indugi.

"Ora", rispose il taumaturgo. "Tre cose dovrete fare: assicuratevi che la ragazza mantenga la visiera abbassata giorno e notte. Se non lo farà, che sia eliminata per sempre dal torneo."

Il castellano annuì.

"Assicuratevi che tutti i cavalieri stranieri siano contrassegnati da una cintura rossa. Chi di loro non la indosserà, sarà interdetto dal regno. Dovranno portare questa cintura sempre, anche dopo il torneo."

Il castellano annuì.

"Preoccupatevi che tutti i cittadini del regno siano invitati alla cerimonia di vittoria, solo nel caso in cui vinca uno dei nostri nobili cavalieri."

Siccome il primo consiglio del vecchio gli era parso così buono, il custode accettò i tre compiti senza rifletterci troppo e li trovò adeguati.

"Lo farò!" disse. "Siete proprio bravo nel vostro lavoro."

"Ebbene sì, ebbene sì!" ridacchiò il mago tra sé e sé, mentre il buon uomo prendeva la strada di ritorno verso il castello.

Ben presto furono annunciate le nuove regole e i cittadini del regno ne furono lieti e attendevano impazienti l'invito alla cerimonia di vittoria nel castello. Si vantarono della generosità dei sovrani, elogiandola poiché una tale generosità si vedeva raramente.

Ma non appena il primo straniero varcò il reame portando la cintura rossa, tutti iniziarono a guardarlo con diffidenza. Uno così non doveva vincere, altrimenti l'invito alla cerimonia non avrebbe avuto luogo.

Le fanciulle che intendevano partecipare al torneo, nel frattempo, cercarono invano di trascorrere le notti indossando un elmetto con la visiera abbassata. Non riuscirono a trovare pace e, a causa delle notti insonni, si fecero sempre più stanche. Una dopo l'altra, si arresero e tolsero l'elmetto. Soltanto la messaggera non si lasciò scoraggiare, sebbene anche lei fosse così stanca che faticava a salire sul cavallo, dopo aver indossato gli stivali da lavoro.

Infine arrivò il giorno del gran torneo e tante persone come mai prima si recarono al castello.

Tutti volevano partecipare alla cerimonia di vittoria. Le tribune erano completamente piene e il pubblico era ammucchiato nell'arena, spalla contro spalla.

Quando i cavalieri fecero la loro entrata, gli spettatori li acclamarono e li salutarono sventolando bandiere con lo stemma reale. Il mago cattivo cavalcava nella sua armatura nera sul cavallo bianco e, siccome tutti tenevano la visiera abbassata, nessuno poté riconoscerlo.

Appena i primi cavalieri con la cintura rossa fecero il proprio ingresso nell'area di gara, gli spettatori presero a urlare "Buh" e a emettere fischi acuti.

Erano dell'idea che questi non dovessero assolutamente vincere, poiché volevano partecipare alla cerimonia di premiazione a favore di un cavaliere locale.

I sovrani si accigliarono, poiché non avevano mai visto una cosa del genere. Il re alzò la mano e ottenne il silenzio.

Ma non appena iniziò la prima gara, gli spettatori ripresero a fischiare e a urlare "Buh" ancora più forte, ogni volta che un cavaliere con la cintura rossa metteva un colpo a segno. Sebbene anche i cavalieri stranieri fossero bravi e gloriosi, il pubblico acclamava soltanto quelli locali.

In un secondo momento fece ingresso nell'area di gara un cavaliere locale in un'armatura nera, che disarcionò l'avversario al primo colpo. Il pubblicò esultò infiammato ma, quando il cavaliere caduto non si rialzò sulle proprie gambe, si ammutolì osservando incuriosito chi poteva essere il cavaliere caduto.

Un giovane sopraggiunse di corsa e cercò di sfilare l'elmetto al cavaliere caduto, ma questo non si lasciò sfilare con facilità. Le cerniere erano completamente arrugginite.

Allora alzò la visiera per allungare acqua al ferito, e tutti ebbero modo di vedere che si trattava della messaggera.

La fanciulla si rimise in piedi e bevve l'acqua ma, siccome tutti ormai avevano visto che si trattava di una donna, dovette abbandonare la gara, seppur amareggiata.

Nel frattempo, il cavaliere nero conduceva il suo cavallo a testa alta nell'area di gara, per fomentare nuovamente il pubblico. A poco a poco la gente riprese ad acclamarlo, finché le grida si fecero così alte che ognuno non riusciva a sentire la propria voce.

Mentre il cavaliere nero concludeva trionfante un nuovo girone, la reginetta sussurrò qualcosa a uno dei suoi paggetti e si alzò in piedi. Per un momento il pubblico si zittì rispettoso, ma il tumulto riprese immediatamente, non appena ella sparì dietro le tende.

Il cavaliere nero attendeva il prossimo avversario, sicuro della sua vittoria, godendosi nel frattempo l'ondata di ammirazione della folla.

E poi successe.

Un grosso silenzio invase gli spettatori, quando videro che la reginetta in persona, con la sua lunga chioma candida e ondulata, era entrata nell'arena in sella al suo frisone. Indossava una cintura rossa intorno alla vita e cavalcava incontro al cavaliere nero, come per sfidarlo.

Allora gli spettatori chinarono il capo imbarazzati, in un silenzio mortificato.

Il mago cattivo osservò l'arena e sventolò la sua bandiera, per animare nuovamente il pubblico.

Ma questo, al contrario, indietreggiò di molti passi, lasciando il cavaliere nero solo nell'arena.

Il re si alzò in piedi e iniziò ad applaudire forte.

Il giullare ai suoi piedi lo assecondò subito e anche i principi e le principesse iniziarono ad applaudire con riverenza.

Anche le persone sulle tribune si alzarono una dopo l'altra per applaudire.

I nobili cavalieri del regno affiancarono la reginetta in silenzio, quasi a volerle dare supporto contro il Cavaliere Nero.

Quando anche i cavalieri con la cintura rossa le si affiancarono, e le donne sciolsero i capelli, il Cavaliere Nero si strappò via l'elmetto dal capo e lanciò un'occhiata furiosa sull'arena.

Il suo cavallo si innervosì al clamore ritmico degli applausi e prese a girare in tondo esagitato. Prima a sinistra, poi a destra. Il Cavaliere Nero si infuriò con l'animale, che non ne voleva sapere di calmarsi.

Strattonò le redini ma, invece di seguire gli ordini, il cavallo si inalberò e nitrì nel panico. In quel momento gli zoccoli del cavallo lampeggiarono di un rosso acceso, e tutti riconobbero nel cavaliere il mago cattivo.

"Tornerò!" tuonò egli, gettando in aria la lancia. "E allora non ci sarà può scampo per voi!"

La folla gli aprì un varco verso la porta del castello, ma lui in risposta spronò il suo cavallo.

Davanti allo sguardo incredulo di tutti, in quel preciso istante l'animale si sollevò in aria, saltò con una potenza inaspettata oltre le mura di cinta merlate del castello, e scomparve con il mago nella notte calante, lasciando dietro di sé una scia di nubi spesse, che offuscarono per ore le stelle nel cielo.

Nessuno parlò.

Nessuno poteva credere di essere appena stato testimone di un tale spettacolo.

E tuttavia nessuno dubitava che ciò fosse accaduto davvero.

"Andate a casa" disse la reginetta sottovoce. "Andate tutti a casa."

Quella sera gli uomini sedettero in silenzio sia ai tavoli della locanda sia nelle cucine di casa propria, e gli ospiti fecero lentamente rientro ai i loro paesi.

A lungo si continuò a parlare di questa vicenda e del coraggio mostrato dalla reginetta con la lunga candida chioma.

Da quel giorno in poi nessuno vide mai più cinture rosse, tanto che, molto tempo dopo, la gente scordò perché indossarle fosse ritenuto così disdicevole.

Gli occhiali dorati

C'erano una volta tre coppie di mastri fornai, che vivevano in una città in un grande reame ed erano noti a tutti per la loro diligenza. I primi erano panettieri e sfornavano ogni giorno grandi, fresche pagnotte di sana farina integrale. I secondi erano pasticceri, famosi per le loro crostate delicate e le squisite torte. I terzi erano cioccolatai e sapevano confezionare praline delicate e altri simili dolciumi. La loro pelle era marrone scuro come la cioccolata. Erano giunti in città da una terra lontana, e avevano portato con sé l'arte della fabbricazione del cioccolato.

Ciascuna delle tre coppie possedeva un piccolo negozio proprio accanto alle tre porte principali, che chiunque volesse entrare in città doveva necessariamente attraversare. Tutti gli abitanti del regno erano soliti giungere in questa città appositamente per comprare pane, torte e cioccolato, da consumare in occasioni particolari. Persino il re e la regina, dal loro lontano castello, mandavano il loro domestico in questa città, affinché acquistasse i prodotti da forno più prelibati.

Un bel giorno giunse dai panettieri una vecchia signora. Aveva fatto molta strada, in quanto la sua piccola casetta si trovava fuori città, ai piedi della collina su cui si ergeva il castello reale. Appena ebbe posata una pagnotta nel cesto, si abbandonò a un lungo sospiro e si lamentò con la moglie del panettiere:

"Ora devo portare le mie gambe stanche fino all'altro capo della città per poter comprare una torta! Domani viene a farmi visita mia sorella da un regno lontano. Le voglio offrire le più delicate prelibatezze da forno. Se solo la strada da fare non fosse così tanta!"

Non appena la signora ebbe lasciato il negozio, per dirigersi verso la bottega dei pasticceri, la moglie del panettiere rifletté a lungo sulle sue parole. Alla sera disse al marito:

"Se non producessimo soltanto pane, bensì anche torte, le persone non dovrebbero camminare così tanto per potersi procurare entrambi. Potremmo imparare l'arte della pasticceria!?"

L'idea piacque al marito.

Detto fatto. Già a partire dal giorno seguente, i due esposero nella vetrina, di fianco al pane, anche alcune torte, e molti clienti acquistarono insieme al pane anche una fetta di queste.

Il panettiere e sua moglie trovarono che l'idea fosse ben riuscita e ne furono contenti, non solo per aver offerto un buon servizio alla gente, ma anche per aver guadagnato qualche soldo in più. Tutti erano molto soddisfatti.

Per pura coincidenza, la moglie del cioccolataio si trovò a passare da quelle parti e si meravigliò della quantità di clienti che sostavano davanti al negozio dei panettieri. Non appena comprese la ragione di tanta folla, si affrettò a tornare a casa dal marito per raccontargli che cosa aveva visto.

Questi fece una smorfia, poiché temeva che il successo portasse i panettieri all'idea di mettersi a fabbricare anche il cioccolato!

La coppia chiuse temporaneamente il negozio per precipitarsi di corsa alla bottega dei pasticceri. Li trovarono ad osservare increduli i loro miseri guadagni, chiedendosi perché mai avessero venduto così poche torte quel giorno. Forse la farina non era buona, pensava il pasticcere tra sé e sé. Aveva già in mente di recarsi il giorno seguente dal Mugnaio del Sud, dal quale era solito acquistare la farina, appositamente per discutere la faccenda.

Ma non appena videro i cioccolatai presentarsi in bottega a quell'ora, la meraviglia dei pasticceri si fece ancora più grande. Non erano forse soliti confezionare con diligenza praline a quell'ora? Se ne andavano a spasso per la città invece!?

"Non dovrebbe di certo essere affar nostro", disse il mastro cioccolataio alla pasticcera. "Ma ci teniamo ad aiutarvi, affinché possiate essere sicuri della vostra attività. I panettieri sono colpevoli di tutto questo, poiché da oggi non vendono più soltanto pane ma anche torte! Mia moglie li ha visti con i suoi occhi!"

I pasticceri si abbandonarono a un profondo sospiro.

Ecco dunque spiegate le ragioni di quel brusco cambiamento! Era colpa dei panettieri! Perché mai quei due erano giunti a un'idea tanto stupida, che avrebbe soltanto complicato la loro vita?!

Il cioccolataio si grattò il mento. Invece di auto commiserarsi come facevano i pasticceri, si doveva invece pensare a un piano!

"Domani andremo dai panettieri!", propose.

"Ciascuno di noi allestirà una bancarella proprio davanti alla loro bottega e ci metteremo a vendere lì non soltanto torte e cioccolata, ma anche pane! Capiranno subito che cosa significa!"

Così avvenne che il mattino dopo, quando il panettiere e sua moglie aprirono le finestre della bottega, trovarono già un gran andirivieni proprio sullo spiazzo davanti al loro negozio.

"Pane fresco!" urlava a gran voce la moglie del pasticcere. Di fianco a lei vi era una seconda bancarella, dietro la quale la moglie del cioccolataio gridava:

"Delicate focacce appena sfornate!"

I mariti, svelti, si affrettavano a vendere tali prodotti prima che i panettieri potessero aprire la porta della loro bottega.

I panettieri, ancora ricoperti di farina da capo a piedi, indossando grembiule e cappello, poiché avevano appena finito di infornare il pane, corsero in direzione delle bancarelle.

"Come vi viene in mente di vendere pane proprio davanti alla nostra porta!?", gridò il panettiere furibondo, battendo le mani coperte di farina proprio davanti al naso della moglie del pasticcere, coprendole il viso di farina.

Dovette starnutire forte.

"Etciùùùùùùù!"

"Sicuramente è stata la vostra avida moglie a concepire l'idea di vendere anche torte!", gridò di rimando la moglie del cioccolataio. Immerse le proprie mani nella polvere di cacao e applaudì a sua volta davanti al viso della moglie del panettiere.

"Ahhhh!", urlò in risposta questa, poiché i suoi occhi si erano sporcati di polvere scura e non riusciva a vedere più nulla.

Il panettiere afferrò una torta alla panna dalla bancarella del pasticcere e minacciò la moglie del cioccolataio:

"Come vi salta in mente di insultare mia moglie!?"

"Lasciate stare le mie torte!", gridò il pasticcere di rimando e si allungò per sottrargli il dolce dalle mani.

Ma invece inciampò e cadde con la faccia dritta sulla torta alla panna che il panettiere teneva stretta fra le mani.

Le persone nella piazzetta si erano fatte indietro, per osservare la litigata da una distanza di sicurezza. Tutti ridevano a crepapelle alla vista del panettiere con il viso ricoperto di torta alla panna, e delle due donne, una con il volto bianco di farina e l'altra nera di polvere al cacao. Era troppo divertente!

"Come osate!", gridò il cioccolataio, afferrando una pralina fresca e lanciandola al panettiere, colpendolo al naso.

Nel giro di pochi minuti era scoppiata una vera e propria battaglia di torte e tutto il pane, i dolci e il cioccolato erano sparsi sui fornai e per terra. Si lanciavano a vicenda persino l'impasto, la farina e la polvere di cacao, che sfrecciavano sulle loro teste come saette.

I bambini approfittarono dell'occasione per sgraffignare una manciata di dolciumi, poiché era un peccato che quelle cose deliziose fossero trasformate in armi da lancio.

La gente accorse da ogni angolo della città per assistere allo spettacolo. Da tempo non si era riso così tanto e smangiucchiato di nascosto.

Soltanto quando non era rimasto ormai più nulla a portata di mano da lanciare, i litiganti si fermarono. Il panettiere e la moglie si ritirarono in casa e abbassarono con stizza le serrande. I pasticceri e i cioccolatai raccolsero quello che era rimasto dei loro fagotti e si allontanarono. Siccome non c'era più nulla da vedere, anche la gente ritornò a casa.

Il giorno seguente nessuno dei fornai aprì bottega, poiché nessuna aveva più nulla da vendere, e a tutti dolevano le ossa per il litigio.

I pasticceri incolpavano i cioccolatai di averli sobillati contro i panettieri. I panettieri erano furiosi con i pasticceri, poiché in realtà avevano soltanto voluto accorciare la strada ai loro clienti, e si sentivano del tutto incompresi. I cioccolatai erano a loro volta offesi, poiché avevano soltanto voluto aiutare i pasticceri.

Tutti erano talmente occupati a incolparsi vicendevolmente della propria miseria, che persero completamente di vista le loro attività.

Ben presto la gente non ebbe più pane da mangiare e il Mugnaio del Sud dovette licenziare i suoi apprendisti, poiché i fornai non acquistavano più la farina da lui. E siccome il mugnaio ora non comprava più il grano dagli agricoltori, questi non sapevano più a chi venderlo, e così la miseria si diffuse per tutto il reame.

A quel punto nessuno trovò più la situazione divertente, e ognuno avrebbe voluto che il litigio non avesse mai avuto luogo.

Ma nessuno sapeva come uscirne.

I fornai, immusoniti, si ritirarono nelle loro case.

Non appena il re venne ne venne a conoscenza, dato che il pane scarseggiava persino al castello, mandò il figlio maggiore e la sorella di lui ad occuparsi della questione.

Il principe e la principessa giunsero con la carrozza in città e parlarono a tutti i fornai.

Ma ognuno di loro rivendicava le proprie ragioni, esigendo il ravvedimento delle altre parti coinvolte.

Neppure i figli del re seppero risolvere la situazione, quindi decisero di ritornare al castello per confrontarsi con i genitori. Ma quando la loro carrozza giunse all'altezza della piccola casetta della vecchia signora, questa allungò loro un cofanetto.

"Consegnate questi occhiali dorati al fornaio giusto, così che possa trovare la strada per uscire da questo litigio!"

Il principe prese gli occhiali luccicanti dal cofanetto e li indossò. Ma non riuscì a vedere nulla. Li passò allora alla sorella, ma neppure lei riusciva a vedervi attraverso.

"Soltanto colui che conosce la verità sarà in grado di vedere attraverso gli occhiali!", disse la vecchia signora. "Trovate la persona giusta!"

Così i figli del re ritornarono in città e fecero convocare le tre coppie di fornai. I tre uomini indossarono per primi gli occhiali, brontolando uno dopo l'altro.

Nessuno di loro riuscì a vedervi attraverso.

"Ora le donne!", disse il principe. Non appena la pasticcera vide gli occhiali, le tornò a mente la vecchia signora.

"Ma questi sono gli occhiali della vecchia signora che venne a comprare le torte da noi! Si era tanto lamentata del lungo cammino!"

E appena ebbe indossato gli occhiali, riuscì a vedervi attraverso. E disse agli altri fornai:

"Voi panettieri dovreste sfornare il pane! Siete i migliori in questo. E voi, cioccolatai, dovreste confezionare praline. Siete i migliori in questo. E noi dovremmo sfornare torte, poiché siamo i migliori in questo. Ma tutti e tre venderemo i prodotti di ciascuno!"

Allungò gli occhiali al panettiere, che li indossò. D'un tratto anche lui riusciva a vedervi attraverso.

"Sì! In questo modo i clienti non dovranno camminare tanto, poiché potranno comprare i nostri prodotti in ogni bottega!"

Allungò a sua volta gli occhiali al cioccolataio, che li indossò. D'un tratto anche lui riusciva a vedervi attraverso.

"Sì. E in questo modo ci spartiremo il lavoro e i nostri prodotti manterranno un'altra qualità."

E anche il pasticcere provò gli occhiali e vi vide attraverso.

Così accadde che, da quel giorno in poi, ciascun fornaio in città offrì anche i prodotti degli altri, insieme ai suoi.

La gente andava a fare acquisti nel negozio più vicino. In questo modo tutti erano soddisfatti.

Ben presto anche i macellai decisero di prendere spunto dall'idea. Seguirono poi gli ortolani, i pentolai, i tessitori e i sarti.

La città divenne ricca e molti viaggiatori giunsero da lontano per ammirare la quantità di merci prodotte e portarne a casa qualcuna.

Ma da quel giorno in poi gli occhiali dorati furono custoditi in un cofanetto di cristallo nella più alta torre della città.

Lì erano a disposizione di ciascun cittadino che fosse alla ricerca di una soluzione a un litigio.

E, a volte, accadeva che qualcuno potesse davvero vedervi attraverso.

Gli incantatori di serpenti

C'era una volta, in un paese lontano dove i regnanti erano detti sultani e i governatori pascià, un potente sovrano.

Era un uomo autorevole e capace, gradito dagli abitanti del regno perché aveva consolidato il commercio e l'artigianato e riusciva a mettere d'accordo tutti i suoi cavalieri.

L'opulenza del suo dominio si manifestava nei sontuosi edifici dalle pareti ornate d'oro e pietre preziose.

Nei giardini dei sui palazzi, le dame di corte potevano immergersi in graziosi laghetti artificiali, scolpiti nel marmo e ricolmi di acque profumate, che donavano sollievo nelle giornate più calde.

I visitatori giunti da regni lontani ammiravano tale

ricchezza, per poi raccontarla al loro rientro, accrescendo così la fama di quel sovrano.

I pascià si inginocchiavano dinanzi al potente sultano, e i principi e le principesse, che erano molti, non osavano prendere nessuna decisione senza prima consultarsi con lui.

La riverenza nei suoi confronti era tale che tutti al castello si sentivano protetti e accuditi, e per questo anche a proprio agio e sicuri nell'obbedire ai suoi ordini.

Il più giovane dei principi, tuttavia, non era felice né soddisfatto. Il mondo al di fuori del palazzo lo incuriosiva, desiderava compiere grandi gesta e diventare, un giorno, un grande sovrano.

I fratelli, le sorelle e tutti i pascià dovevano continuamente esortarlo alla disciplina, poiché era risaputo che il sultano non tollerava alcuna opposizione, e non si sarebbe di certo trattenuto dal cacciare un oppositore, nondimeno un principe.

Ma il giovane non si lasciava dissuadere e contestava gli ordini assurdi dei pascià, litigava con gli amministratori per le regole insensate e metteva in discussione tutte le decisioni del padre che egli trovava ingiuste o cattive.

E tante erano quelle che non riusciva a comprendere.

Così avvenne che un giorno il padre lo cacciò dal castello ed egli, senza un soldo in tasca, dovette guadagnarsi da vivere facendo il mendicante.

Cercò invano di trovare lavoro in qualche attività commerciale, o una casa in cui vivere. Nessuno, tra gli abitanti, osò offrirgli un alloggio, per timore che l'ira del sultano si scagliasse anche su di loro. Quindi un giorno il ragazzo decise di unirsi a una carovana di passaggio e si allontanò con questa verso il deserto. Da quel momento nessuno ebbe più sue notizie.

La tragica sorte del giovane spaventò molto gli altri principi, le principesse e i pascià, tanto che nessuno osò più neppure alzare gli occhi di fronte al sultano.

Tutti si inginocchiavano prontamente al suo passaggio, per rialzarsi soltanto quando egli era lontano.

Il sultano governò così per molti anni ancora, finché un giorno fu costretto a letto dalla febbre.

La malattia lo indebolì così tanto da renderlo incapace persino di impartire gli ordini più semplici.

I pascià si recarono dunque al castello e si misero in fila davanti alle stanze del sultano, per attendere da lui le istruzioni impellenti e necessarie al fine di gestire gli affari nelle loro città. Ma i medici scossero il capo, rimandando indietro ogni visitatore almeno fino al giorno successivo.

Tuttavia, anche il giorno seguente i medici, temendo per la salute del sultano, negarono l'accesso alle sue stanze, cosicché i pascià dovettero, loro malgrado, pazientare ancora.

La fila di coloro che avevano necessità di incontrarlo accrebbe, allargandosi anche ai principi, alle principesse e ad altra gente di corte, o a gente proveniente dall'amministrazione, o persino da altri paesi. Anche loro avevano domande impellenti, e non osavano prendere decisioni senza prima aver consultato il potente sovrano.

La fila di gente in attesa divenne giorno dopo giorno sempre più lunga, tanto da oltrepassare la porta del palazzo reale.

Le persone in piedi una dietro l'altra formavano una coda interminabile, che allungandosi costeggiava le mura del palazzo, si contorceva intorno al grande bazar, guizzava davanti ai luoghi di culto, strisciando piano sopra ai ponti, per poi tornare indietro con una curva repentina e raggiungere di nuovo il palazzo, attraversandone adagio la cucina.

Nessuno voleva abbandonare il suo posto nella coda per tornare a casa, poiché tutti temevano di perdere così il vantaggio acquisito, aumentando l'attesa della tanto bramata risposta.

I commercianti del bazar furono i primi a dover chiudere le loro bancarelle, poiché i clienti non riuscivano più a entrare nel mercato. Se anche qualcuno riusciva ad entrare attraverso quella coda aggrovigliata, sarebbe stato impossibile uscirne.

I garzoni dei fornai, che erano soliti attraversare la città portando sul capo un cesto di pane fresco, rimasero bloccati nella panetteria, poiché quella grossa coda non permetteva la libera circolazione nella città. Gli addetti alla preparazione del tè non erano in grado di farsi largo in quell'intreccio così da raggiungere la fontana, perciò cessarono la loro attività.

L'intera vita pian piano si affievolì, e tutti coloro che non potevano più praticare i loro negozi, a causa di quell'interminabile coda, decisero di prendervi parte per chiedere consiglio al sultano.

Così la coda crebbe, allungandosi al di fuori delle porte della città, flettendosi attraverso tutta la regione, per raggiungere una lunghezza mai vista prima.

I pascià, che attendevano proprio in testa alla coda, davanti alla porta del sultano, contemplarono la catena infinita di persone in attesa e si spaventarono.

Il sultano li avrebbe additati come responsabili, se si fosse svegliato e avesse notato la situazione! Poveri loro!

I pascià si consultarono giorno e notte su cosa fosse meglio fare, finché uno di loro ebbe l'idea di richiamare il principe esiliato, affinché risolvesse quella situazione infelice.

"Egli è ormai caduto in rovina!" osservò quel pascià. "L'ira del sultano non lo può più danneggiare ulteriormente! Se la cosa va bene, avremo agito in modo giusto, e se va male, non sarà stata colpa nostra!"

Queste parole convinsero anche gli altri pascià, che si riunirono per decidere chi di loro avrebbe dovuto mettersi in viaggio per cercare il principe.

Ma nessuno voleva abbandonare il posto acquisito, così, dopo ulteriori lunghe consultazioni, si decise che sarebbero andati tutti.

Appena i pascià si allontanarono dalla fila per mettersi in viaggio, i principi e le principesse che stavano dietro di loro avanzarono frettolosamente, e così fecero quelli dietro di loro, e quelli dietro ancora, finché tutta la coda scivolò avanti di poco.

Allora tutti pensarono che era valsa la pena di aspettare tanto, e che il sultano si era finalmente svegliato e ben presto avrebbe dato seguito alle loro domande. Perciò tutti si piantarono al loro posto con più ostinazione di prima.

I pascià, volenti o nolenti, ma certamente con qualche riluttanza, si unirono alla prima carovana che andava verso nord, e seguirono la strada che aveva preso il giovane principe.

In ogni luogo chiesero di lui, se qualcuno lo avesse visto e in quale direzione fosse andato. Seguendo le istruzioni della gente, attraversarono fiumi e montagne, molte città lontane, steppe e foreste, paesi a loro sconosciuti, neve e ghiaccio, finché raggiunsero, dopo un lungo viaggio, un regno lontano.

E proprio lì, finalmente, trovarono il giovane principe.

In principio aveva trovato occupazione in una locanda, che si ergeva di fianco ad una ricca sorgente, e col passare del tempo vi si era stabilito. Aveva costruito per la locandiera e le sue cinque figlie un acquedotto in grado di collegare la sorgente direttamente alla cucina della casa, proprio come quelli che aveva visto nel palazzo del padre.

Questo aveva suscitato grosso scalpore nella città e molte persone erano giunte per osservare l'invenzione. Il governatore lo aveva addirittura implorato di costruire un acquedotto altrettanto bello nella sua abitazione. Insieme ai due figli del governatore, il principe aveva quindi costruito un secondo acquedotto e, una volta terminato, lui e il figlio più giovane erano divenuti migliori amici, cosicché il principe non aveva più voluto proseguire nel viaggio.

Aveva dunque fatto della locanda la sua nuova casa e, col passare del tempo, si era affezionato alle cinque figlie della locandiera come se fossero le sue sorelle.

Quando la carovana dei pascià si arrestò di fronte alla locanda, provocò un grosso tumulto. Di nuovo molte persone giunsero sul posto correndo. Questa volta, tutti volevano vedere la carovana e sentire che cosa avesse spinto quegli sconosciuti fino a lì.

Il giovane principe ascoltò le parole dei pascià con attenzione.

Dopodiché rifletté per tre giorni e tre notti.

Al quarto giorno annunciò: "Insieme al mio amico, mi

metterò in viaggio con voi, verso le terre di mio padre, e mi occuperò della faccenda."

E disse al suo amico: "Prendi con te il clarinetto, ne avremo bisogno!"

Il mattino seguente si misero in cammino.

Durante il lungo viaggio di ritorno verso la terra natia del giovane principe, i due amici conferirono a lungo su quale fosse la soluzione migliore al problema della lunga coda di gente in attesa. Architettavano diversi piani e, dopo riflessioni e reciproci consigli, li disfacevano e ricominciavano da capo. Di sera, quando entrambi erano stanchi a causa delle lunghe riflessioni, il figlio del governatore iniziava a suonare il clarinetto e il principe lo ascoltava e ideava storie, che accompagnavano le melodie. Ogni sera prendeva forma un racconto nuovo, che si univa a quella musica sconosciuta.

I pascià, curiosi, scrutavano i due giovani a distanza di sicurezza, sorridendo cauti, facendo attenzione a non intromettersi nei loro discorsi. Caso mai quella testa calda commettesse qualche errore! Non volevano di certo prendersene la responsabilità, loro.

Quando, dopo un lungo viaggio, la carovana raggiunse il sultanato, i due amici sapevano esattamente come avrebbero risolto il problema.

Il sultano non aveva ancora ripreso conoscenza e la coda di persone in attesa di riceverlo si arricciava in migliaia di cerchi per tutta la città. Nessuno si muoveva e tutto taceva. Persino agli uccelli era passata la voglia di volare in cerchio nell'aria. Anche loro stavano immobili, appollaiati sui merli dei tetti, in attesa che qualcuno finalmente gettasse in strada un paio di briciole da beccare.

Tutto ciò era uno spettacolo davvero impressionante.

Ma il giovane principe e l'amico non si lasciarono per nulla intimidire.

"Io comincio dalla testa e tu dalla coda", disse il principe all'amico. "Non smetteremo finché non ci saremo incontrati a metà."

E così si misero al lavoro.

Il figlio del governatore raggiunse l'estremità finale della coda e si sedette lì a terra. Sfilò il clarinetto e iniziò a suonare.

In principio suonò lentamente, con attenzione, poi sempre più veloce, finché le persone non girarono la testa per ascoltare la musica. Era una distrazione gradita in quell'attesa senza fine!

Poi qualcuno cominciò a muovere i piedi, a tenere il ritmo con le dita, ad agitare le mani per seguire la melodia, le labbra unite per fischiettarla. Una ragazza prese a cantare, battendo le mani con gioia, e per finire due giovani si lasciarono andare a una danza, abbracciati per le spalle.

Questo incoraggiò l'amico del principe, che a sua volta si lasciò andare a suonate più divertenti. Quando esaurì le melodie che conosceva, suonò semplicemente le note che l'istinto gli dettava finché, a poco a poco, tutte le persone in fila danzarono insieme l'una con l'altra. Saltellavano in cerchio, vorticando, ruotando a ritmo di musica e ridendo.

Allora accadde l'impensabile: siccome molti si sentivano stanchi, si diressero verso casa, felici e danzanti, e un'estremità della coda iniziò a sciogliersi. Così il figlio del governatore avanzò divertito, continuando a suonare il clarinetto, finché anche le persone che si trovavano più avanti iniziarono a ballare. Suonando, il giovane si muoveva in avanti un po' per volta e la danza diventava sempre più grande e potente.

Nel frattempo, il principe corse in testa alla coda. Si sedette su uno sgabello e iniziò a raccontare. Le sue prime storie trattavano di amore e passione, e non passo molto tempo prima che le sorelle abbandonassero la fila per sedersi intorno a lui.

Poi narrò un'avventura sulla forza d'animo, e ancora più ascoltatori si avvicinarono a lui, abbandonando la coda, così che anche la testa del serpentone si disperse. Narrò storie sull'ascolto e sul parlare, poi sul sapere e su ciò che è importante e, ogni volta che finiva un racconto, le persone intorno a lui iniziavano a fare domande.

A poco a poco tutti discutevano fra di loro sulla morale delle storie del principe e si confrontavano sulle diverse interpretazioni. E mentre dibattevano in maniera accesa l'uno con l'altro, trovarono molte risposte ai loro problemi, senza bisogno del consiglio del sultano. Stupiti, iniziarono a dirigersi verso casa. Allora il principe prese lo sgabello, si fece un po' più avanti e ricominciò daccapo.

Il principe e il suo amico suonarono e raccontarono storie per tre giorni e tre notti finché, finalmente, non furono in grado di scorgersi in lontananza. Allora la melodia si unì alle storie, così come era accaduto durante il lungo viaggio di ritorno. La gente trovò ciò talmente magico, che il resto della coda si disperse in un istante. Tutta la regione ballava, cantava, meditava sui racconti che aveva ascoltato, e chi non lo faceva riposava, per ricominciare il mattino dopo.

Nel frattempo, molti altri musicisti si erano uniti al figlio del governatore e continuavano a suonare allegre melodie. I fratelli e le sorelle del principe furono i primi a divulgare le sue storie e, a poco a poco, accrebbero il numero di coloro che si interrogavano sui molteplici significati di quei racconti.

Il principe e il suo amico, lasciando che le cose prendessero il proprio corso naturale, si diressero verso il palazzo reale, dove i pascià erano accorsi in tutta fretta e attendevano agitati il risveglio del sultano.

"Non avremo mai dovuto permettere che la fila si disperdesse in questo modo", si rimproveravano i pascià. "Vedete, ora, quale confusione avete creato! Come si potrà mai comandare in questo disordine? Avete peggiorato molto la situazione!"

Ma il giovane principe rimaneva fermo nella sua risolutezza.

"Tornatevene nelle vostre città e svolgete il vostro lavoro! La gente imparerà a trovare da sé le risposte alle proprie domande. Fidatevi! Io rimarrò qui e informerò mio padre che noi siamo i responsabili di questo."

Fece chiamare per ogni pascià un musicista e un cantastorie, affinché ciascuno di loro fosse ricondotto alla sua occupazione.

I pascià si allontanarono senza ribattere. Alcuni erano felici di non prendere la colpa di tutto ciò e poter finalmente fare rientro nelle loro città, altri pensavano che il musicista e il cantastorie avrebbero mantenuto il popolo di buon umore.

Il principe e il suo amico invece sedettero al capezzale del sultano malato e presero a suonare lente melodie e a raccontare una storia dopo l'altra, nonostante egli mantenesse gli occhi chiusi, febbricitante. Suonarono e cantarono giorno e notte. Quando il principe riposava, il suo amico suonava, e quando il figlio del governatore dormiva, il principe raccontava.

Trascorsero così molti giorni e molte notti finché, una mattina, il sultano aprì gli occhi. Ma siccome percepì i suoni delicati di uno strumento a lui sconosciuto, pensò di essere morto e si spaventò molto.

Quando poi il suo sguardo cadde sul più piccolo dei suoi figli, che da tempo aveva cacciato dal regno, fu preso da un ulteriore spavento, poiché pensò di essere colpevole della sua morte, e che questi lo avesse atteso nell'aldilà per vendicarsi.

"Perdonatemi, figlio mio", parlò al principe. "Se solo ora potessi, affiderei a voi il mio regno, per rimediare al mio errore."

"Soltanto a condizione che io possa regnare insieme al mio migliore amico!" rispose il principe, sorridendo poiché era felice che il padre fosse guarito.

"Così sia", replicò il Sultano.

Quando, nei giorni a seguire, egli fu completamente guarito, si rese conto che non si trovava nell'aldilà. Tuttavia, non poteva cancellare la promessa fatta, poiché tutti ormai l'avevano udita e acclamavano il principe e il suo amico.

Da quel giorno in poi, il raccontare storie per poi discuterle fu l'occupazione preferita dagli abitanti di quel regno. Ogni sera si trovavano nelle sale da tè e ascoltavano un racconto. E ogni notte andavano a casa con nuove domande. E a volte persino risposte, che ognuno trovava nel proprio lavoro e nel proprio operato. E quando non erano impegnati a fare ciò, allora suonavano e ballavano.

Il principe e il figlio del governatore mandavano ogni mese una carovana colma di spezie, stoffe, datteri e sale nel regno lontano, che era la loro seconda patria, e questa ritornava ogni mese carica di prodotti del luogo. In questo modo si generò un intenso commercio da cui entrambi i regni trassero benefici e soddisfazioni.

E quando accadeva che qualcuno si presentasse al palazzo reale per chiedere consiglio, il principe raccontava una nuova storia e il figlio del governatore lo accompagnava col clarinetto.

Il dado magico

Un giorno avvenne che un messaggero del re, di ritorno da un lungo viaggio in una terra molto lontana, portò con sé un oggetto straordinario. Si trattava di un dado da gioco magico, che egli aveva ricevuto da un vecchio commerciante in un bazar. Dato che il potere magico del dado si sarebbe manifestato soltanto di fronte ai figli di un re, giunto a casa il messaggero ne fece dono al principe e a sua sorella coetanea, la principessa.

"Ogni volta che, al primo lancio, otterrete sei punti, riceverete la risposta a una domanda", spiegò loro il messaggero. "Ci ho provato anch'io, ma il dado non si presta al mio volere. Avrete voi forse più fortuna?"

I due giovani provarono immediatamente il dado. Il principe lo lanciò più volte e, alla vista del numero sei, chiuse gli occhi e domandò: "Qual è il nome di mia sorella?"

Allora il dado balzò su un lato e si dischiuse come un piccolo scrigno. Dentro vi era un piccolo messaggio. Il principe sfilò il nastro scribacchiato e lo lesse ad alta voce alla sorella:

"Avete due sorelle. A quale alludete?"

"Oh, il dado è intelligente!" osservò la principessa. "Bisogna pensare bene alla domanda e formularla in modo preciso! Voglio fare un tentativo."

Anche lei dovette lanciare il dado a lungo prima che comparisse il numero sei. Allora chiuse gli occhi e domandò: "Dove si trova la regione dalla quale proviene la seta?"

Nuovamente il dado si dischiuse e la principessa trovò la risposta al suo interno: "Vi sono molte regioni, oltre il regno del sultano e al di là delle montagne."

I figli del re si strinsero la mano l'un l'altra, colmi di felicità, e presero a danzare per la stanza come al settimo cielo.

"Diventerò un principe perfetto! Proprio come un vero principe dovrebbe essere", disse lui.

"E io diventerò la principessa perfetta! Proprio come una vera principessa dovrebbe essere", disse la sorella.

Entrambi celarono gelosamente il loro segreto e custodirono il dado in un luogo nascosto, noto a loro soltanto. Ogni giorno, prima di iniziare le lezioni quotidiane, si recavano in quel luogo. Estraevano il dado e ne ricavavano tutte le risposte alle domande contenute nei compiti assegnati loro dai maestri.

Questi ultimi notarono che i figli del re iniziavano a

dimostrare una grande intelligenza e ne furono lusingati, poiché erano convinti che il loro lavoro stesse dando i primi frutti. Così, dopo qualche tempo, presero a selezionare compiti sempre più complessi e domande sempre più difficile e, quando videro che persino questi venivano risolti dal principe e dalla principessa con sorprendente disinvoltura, si domandarono quali nuove conoscenze potessero oramai trasmettere ai figli del re.

Andò avanti così settimana dopo settimana, mese dopo mese, finché i maestri non riuscirono a trovare più nulla da poter trasmettere alla principessa e al fratello. Questi infatti conoscevano già ogni risposta, e così bene che persino i libri, se avessero avuto l'arte della parola, ne sarebbero rimasti ammutoliti.

Allora i sapienti si riunirono per ideare un compito così difficile da risolvere, che li tenne impegnati a discuterne per tre giorni e tre notti intere.

Ma persino quella domanda non causò nessun problema ai figli del re. I sapienti, perplessi, si sentirono allora inferiori.

Dopo tanto rimuginare e discutere, decisero di presentarsi ai genitori.

"Vostre Maestà", dissero. "Non possiamo più istruire il principe e la principessa. Loro conoscono già ogni risposta e non c'è più nulla che noi possiamo trasmettere."

La regina sgranò gli occhi e il re aggrottò la fronte.

"Ciò mi pare alquanto esagerato", rispose il re e la regina aggiunse: "Valuteremo la situazione noi stessi. Preparate i tre argomenti più difficili che ci siano sui libri. Domani li interrogheremo qui, nella sala del trono."

I maestri ebbero un gran daffare nell'individuare altri tre argomenti difficili, ma alla fine vi riuscirono.

Il mattino dopo ebbe luogo la tanto attesa interrogazione. I maestri sottoposero ai figli del re una questione matematica molto complessa. Eppure, i due riuscirono a risolverla. Anche i sovrani allora dovettero ammettere che i maestri non avevano affatto esagerato.

"Figli miei, avete fatto molti passi avanti e avete studiato davvero tanto", si complimentò il re. "Organizzeremo una competizione. Chiamate tutti i maestri del regno e i più saggi del mondo intero. Colui che riuscirà a porre una domanda alla quale il principe e la principessa non saranno in grado di rispondere diventerà il futuro o la futura insegnante di corte."

Il mondo intero iniziò a parlare dei figli del re e della loro intelligenza. Molti eruditi giunsero da terre lontane per partecipare allo spettacolo, ma anche tanti curiosi da corte. Il castello fu ornato a festa, l'argento pulito, le stoffe lavate e nella sala del trono fu costruito un piccolo palcoscenico, sul quale i figli del re si sarebbero seduti e dal quale avrebbero risposto a tutte le domande.

Quando finalmente arrivò il grande giorno tante erano le persone nella sala del trono, che si dovettero lasciare le porte aperte, così da poter dare la possibilità anche ai curiosi fuori dalla sala di assistere allo spettacolo.

Il principe e la principessa attraversarono la folla e ricevettero i compiti dagli studiosi più eruditi. Poi si ritirarono con un sorriso, apparentemente impegnati nel loro lavoro. In realtà interrogavano il dado, così come avevano fatto per tutti quei mesi. La folla iniziò a mostrare ammirazione nei confronti dei figli del re.

I primi due studiosi avevano posto le loro domande, e la principessa e il principe avevano risposto correttamente, quand'ecco che a un tratto balzò avanti il giullare di corte. Si rivolse al re e alla regina:

"Lasciate che provi anche io. Desidero fare la terza domanda. Trattasi di un indovinello alquanto simpatico, che divertirà tutti quanti!"

Il re e la regina acconsentirono con piacere, poiché le trovate del giullare erano sempre molto amate.

Così questi saltellò ridacchiando fra la cerchia dei presenti e recitò:

"E' una casetta, piccina così,
sei pareti conducono lì.
Otto angoli vi sono in quel posto,
di cui uno sempre nascosto!
La si trova nei vicoli che meno convengono,
dodici i suoi cancelli, che tutto contengono,
racchiudono a pieno quei 21 occhi scuri,
che sempre al di fuori scrutano, sicuri."

"E ora?", domandò ai figli del re, piazzandosi fermo di fronte a loro.

Ma il principe e la principessa si guardavano perplessi. Non potevano nascondersi, come avevano fatto prima di allora. In qualunque modo si girassero, il giullare non li perdeva di vista.

Si manteneva talmente vicino da non permettere loro di consultare il dado.

Il pubblico nella sala del trono iniziò a mormorare. Che cosa era mai successo? Forse questa volta i figli del re non conoscevano la risposta?

"Vogliamo rifletterci su", annunciarono infine il principe e la principessa.

"Molto bene", rispose la regina, alzandosi dal trono. "Che il giullare sia il vostro insegnante finché non troverete la risposta."

I figli del re abbandonarono la sala del trono e il giullare li seguì a ruota.

Cercarono di sbarazzarsi della fastidiosa compagnia per poter finalmente consultare il dado. Ma ogni tentativo era vano poiché lui restava al loro fianco. Li seguiva a sinistra, li accompagnava a destra, camminava davanti a loro sulle scale e li scortava da dietro nella discesa.

"Vogliamo ritirarci per poterci confrontare!" gli disse infine il principe, per levarselo di torno. Ma il giullare di rimando iniziò a danzare intorno a loro, cantando:

"Dell'indovinello la risposta al consiglio non si presta,
ma la si trova soltanto nelle comiche gesta!"

Così li accompagnò fino alla tarda sera di fronte alla porta delle loro stanze, e al mattino presto era di nuovo lì ad aspettarli. Semplicemente, i figli del re non avevano alcuna possibilità di estrarre il dado dal suo nascondiglio.

Tutti gli abitanti del regno erano venuti a conoscenza dell'indovinello che i figli del re avrebbero dovuto risolvere con la loro intelligenza. Nessuno aveva trovato la risposta da sé, e si discuteva nelle taverne e ai mercati a proposito di quale fosse la soluzione giusta. Si fecero scommesse a riguardo e si attese a lungo che i figli del re dichiarassero la risposta. Erano i più intelligenti de regno, e avevano sempre saputo dare risposta a tutto. Dunque, la soluzione che avrebbero dichiarato era senz'altro quella giusta.

Al contrario, il principe e la principessa non trovavano consiglio. Invano avevano cercato di intrufolarsi nel nascondiglio, approfittando di un attimo di distrazione. Avevano persino riflettuto a lungo loro stessi sulla soluzione dell'indovinello, ma siccome erano fuori esercizio, non veniva loro nulla in mente.

Erano ormai passati tre giorni e tre notti, e ancora non avevano indovinato la risposta. Come avrebbero potuto presentarsi al mondo, se fosse trapelato che non la conoscevano! I principi perfetti sarebbero stati marchiati dal disonore, e il re e la regina sarebbero stati umiliati di fronte a tutto il mondo! E come avrebbero potuto loro stessi diventare un giorno i reali, se tutta la regione li denigrava?!

Quanto più ci rimuginavano, tanto più aumentava la loro disperazione.

"Soltanto voi potete aiutarci a uscire da questa situazione infelice!" si rivolsero infine al giullare, sul finire del quarto giorno. "Vi preghiamo di svelarci la soluzione dell'indovinello, noi non la sappiamo"

"Bene, bene", esultò questi. Saltellò in cerchio intorno ai figli del re, gridando:

"La risposta potrete volentieri origliare,
ma quale sarà il prezzo da pagare?"

I due rifletterono, la principessa gli offrì il suo anello, che era intarsiato dell'oro più fino. Il principe offrì la sua cintura preferita, con la fibbia d'argento. Ma il giullare scosse il capo.

"Né l'oro né l'argento io bramo,
ma soltanto il divertimento amo!"

"Abbiamo un dado magico! Potrete averlo, se ci aiuterete a uscire da questa situazione infelice. A noi ha portato soltanto rabbia", disse infine la principessa.

"Un dado incantato! Sembra divertente", si rallegrò il giullare accettando l'offerta.

Lo condussero allora nel nascondiglio del dado magico.

"Permetteteci ancora una domanda, poi sarà vostro", disse il principe.

La principessa lanciò il dado, ottenendo subito il numero sei, chiuse gli occhi e recitò:

"E' una casetta, piccina così,
sei pareti conducono lì.
Otto angoli vi sono in quel posto,
di cui uno sempre nascosto!
La si trova nei vicoli che meno convengono,
dodici i suoi cancelli, che tutto contengono,
racchiudono a pieno quei 21 occhi scuri,
che sempre al di fuori scrutano, sicuri."

Sfilò il messaggio dal dado e lo lesse ad alta voce:
"Sono io."

Non appena ebbe pronunciato queste parole, il dado prese a danzare selvaggiamente e a saltare per tutta la stanza.

La principessa cercò di acchiapparlo con le mani. Il principe lo rincorse e si gettò a terra nel tentativo di prenderlo, e anche il giullare balzò in mezzo ai due giovani nel tentativo di farlo suo.

Così finì che tutti e tre si ritrovarono sul pavimento, senza che nessuno fosse riuscito a prendere il dado.

Ma ecco che questo, come per incanto, saltò sul naso del giullare e prese a vorticare su di sé come una trottola. Il giullare iniziò a ridere per questo, poiché il dado gli procurava solletico.

Anche la principessa iniziò a ridere, poiché la scena era molto comica. E anche il fratello rideva a crepapelle, tenendosi la pancia, poiché le risate dei due lo contagiavano.

I tre risero così forte da farsi udire da tutti nel castello. Allora il dado si sbriciolò in un fine pepe nero che andò a solleticare, a turno, il naso dei tre. Di conseguenza tutti dovettero starnutire con forza. E ridevano, starnutivano, ridevano e starnutivano ancora.

La coppia reale si affrettò nella stanza, seguita dall'intera corte, per capire quale fosse il motivo di tanto rumore. Quando aprirono la porta della stanza segreta, si offrì ai loro occhi uno spettacolo alquanto bizzarro: i figli del re e il giullare avevano il naso nero di pepe e le guance rigate dalle lacrime.

Il principe trovò per primo le parole. Disse: "La soluzione all'indovinello è il dado perfetto, lo stesso che ci ha insegnato a temere e a ridere!"

E la sorella aggiunse: "Il giullare è stato un buon maestro, ma ora vogliamo indietro i nostri vecchi insegnanti."

Nessuno comprese a pieno le parole dei principi, ancora più enigmatiche dello stesso indovinello. Soltanto il giullare annuì compiaciuto:

"Chi la magia attenderà,
mai la soluzione comprenderà!"

Da quel giorno in poi tutti si domandarono come si dovesse interpretare la risposta dei principi. Nessuno vinse la propria scommessa e si litigò per tanto tempo sulla corretta interpretazione di quelle parole.

E tutt'oggi può accadere che qualcuno sollevi di nuovo la domanda, e che tutti improvvisamente ripensino all'indovinello.

La chiave azzurra

Un bel giorno la messaggera della regina giunse cavalcando dai locandieri della città per annunciare nobili ospiti.

Siccome non vi era abbastanza spazio al castello, occorreva che tre ospiti al seguito di una principessina da un regno lontano venissero sistemati alla locanda.

Ma la locandiera era partita per acquistare nuove provviste, e aveva lasciato gli affari in carico alle sue cinque figlie, ciascuna delle quali era ormai abbastanza grande da potersi occupare della locanda e degli ospiti.

Non appena la messaggera ebbe voltato l'angolo, le ragazze si strinsero in cerchio e presero a ballare di gioia.

„Che onore per la nostra casa", gridarono „nostra madre sarà molto orgogliosa di noi, quando vedrà con quale cura abbiamo ricevuto gli ospiti!"

Subito tutte si allontanarono in direzioni diverse per occuparsi delle svariate faccende. La maggiore prese dalla credenza i bicchieri d'argento che si utilizzavano nelle occasioni speciali, la seconda rovistò nella stanza delle provviste in cerca del cibo più raffinato, la terza smontò le tende per lavarle, la quarta iniziò a spazzare il pavimento e la quinta corse in cantina, dove la madre conservava il vino più buono.

Ma la figlia più giovane trovò la pesante porta di legno sbarrata. Rovistò dietro alla pietra dove la madre era solita nasconderne la chiave, ma non la trovò.

Cercò allora nelle vicinanze della porta, invano.

Corse in casa e rovistò nei cassetti, setacciò gli armadi e le mensole, dietro ai piatti e dentro alle scodelle. Cercò persino sotto al materasso della madre. Ma non trovò nessuna chiave.

Confusa, chiamò a sé tutte le sorelle e le condusse alla porta della cantina. Quattro scalini le separavano dalla pesante porta chiusa.

„Osservate, la porta è bloccata! Così non potremo accedere al buon vino!", disse alle sorelle.

La figlia maggiore era rimasta ferma sullo scalino più alto e disse: "Sicuramente nostra madre ha preso la chiave con sé. E di certo avrà avuto i suoi buoni motivi per farlo! Non dobbiamo preoccuparci di questo. Nostra madre sa quello che fa'."

La seconda figlia era rimasta ferma sul secondo scalino e disse: „Perché mai vi preoccupate così tanto!? Non ce n'è assolutamente bisogno! Semplicemente, offriremo agli ospiti del vino di seconda mano, nei bicchieri d'argento. Non se ne accorgeranno nemmeno."

La terza figlia, che stava più in basso sul terzo scalino, sollevò le spalle.

Poi disse: „Capisco bene la vostra preoccupazione. Ma non possiamo farci nulla. Senza chiave non si potrà mai aprire la porta."

La quarta figlia osservò la sorella più giovane, che stava di fianco a lei sul quarto gradino più basso.

Ma persino lei scosse il capo e si lamentò: „Che cosa posso farci io!? Se persino le tre sorelle maggiori non hanno trovano soluzione, come potrei mai aprire questa pesante porta!?"

„Lasciamo perdere!", convenne allora la figlia maggiore. „Torniamo a occuparci delle incombenze più importanti!"

Ma la più giovane, invece di seguire le sorelle in casa, rimase ad osservare la serratura con fare pensieroso. Senza troppi indugi, decise di correre dal suo fidanzato, il figlio del fabbro, per chiedergli di produrre una seconda chiave.

Questi ascoltò tutta la storia, ma scosse il capo.

„Potrei farvi una seconda copia della chiave soltanto se avessi la prima da modello. Ma chiediamo comunque a mio padre, potrebbe avere una soluzione."

Ma anche l'esperto fabbro scosse il capo.

„Non posso aiutarvi. E' impossibile."

Tuttavia, vedendo quanto era sconsolata la ragazza, aggiunse con prudenza: „Esiste un oggetto che potrebbe esservi d'aiuto. Io stesso ne ho soltanto sentito parlare, e non posso dirvi nulla più di così."

„Qualunque cosa sia, voglio tentare", rispose la ragazza.

„Gira voce tra i fabbri che sulle montagne più alte, nei pressi della miniera abbandonata, viva una maga.", raccontò il fabbro. „Si dice che abbia grossi poteri, ma anche che ami la solitudine e che diventi cattiva se si sente disturbata."

„Voglio tentare!", disse la giovane locandiera.

„Ma è molto lontano e impiegherete tre giorni per raggiungere la miniera abbandonata."

„Oh!", fece la ragazza, delusa poiché il tempo non sarebbe bastato fino all'arrivo degli ospiti.

„Vengo con voi!", si offrì il figlio del fabbro. „Chiederò ai miei amici di prestarci uno dei loro cavalli. Così potremo percorrere il cammino in un giorno solo."

Detto fatto.

Uno dei figli del governatore prestò loro il suo cavallo, così i due partirono in direzione della montagna, verso la meta che il fabbro aveva descritto.

Cavalcarono per molte ore senza pausa. Si fermarono soltanto per far abbeverare il cavallo a un ruscello, così che potesse raccogliere le forze.

Scalarono la suddetta montagna attraverso un sentiero stretto che serpeggiava tra gli alberi.

Dopo ogni curva speravano di scorgere finalmente la miniera. Ma ogni volta trovavano ad aspettarli un nuovo tornante, che si allungava verso l'alto.

Di nuovo una svolta e poi ancora una, per scoprire infine un ulteriore tratto di sentiero davanti a loro.

Dopo innumerevoli curve, raggiunsero le prime rocce dentate, là dove non crescevano più alberi e dove il terreno era permanentemente nascosto dalla neve.

Il figlio del fabbro dovette scendere da cavallo, poiché la neve copriva il sentiero e li costringeva a cercarlo a tentoni, passo dopo passo.

Infine raggiunsero la miniera abbandonata che il fabbro aveva descritto. Legarono l'animale in un punto sicuro, così che potesse riposare.

„Ma dove abita mai questa maga?", domandò la figlia della locandiera. „Qui è freddo e arido. Nessuno può vivere in questo posto!?"

Non appena pronunciate queste parole, il fidanzato indicò l'entrata di una grotta ghiacciata poco più in alto.

Si arrampicarono di sopra, finché non giunsero all'entrata che conduceva in un tunnel completamente ghiacciato.

La cavità splendeva di una luce azzurra, verde e argentata ed era la visione più meravigliosa che loro avessero mai visto.

Vi entrarono e fecero qualche passo con attenzione, finché non giunsero a un piccolo ingresso le cui pareti erano completamente coperte di neve.

Sul soffitto erano incastonate finestre di ghiaccio lucido che, attraversate dai raggi di sole, inondavano di luce tutta la stanza.

Nel mezzo della stanza vi era un tavolo di neve, e fiori di ghiaccio azzurri e argentati decoravano le pareti intorno.

Dal soffitto pendevano migliaia di cristalli di ghiaccio che, sfiorandosi dolcemente, producevano un suono meraviglioso.

I due, sbalorditi, stregati della magnificenza di quel luogo, si dimenticarono quasi del motivo per cui erano venuti.

„E' passato molto tempo da quando ho avuto ospiti", scandì

improvvisamente una voce dietro di loro.

Quando si girarono spaventati, trovarono la maga proprio lì.

Indossava un lungo abito azzurro e un mantello blu mare. Teneva in equilibrio sul capo un cappello a punta, che brillava di azzurro, verde e argento, come il ghiaccio stesso.

„Non vogliamo disturbare", disse la figlia della locandiera, un po' spaventata.

Ma la maga rivolse loro un sorriso gentile.

„Sarei felice di ricevere più visite!", rispose invitandoli a sedersi al tavolo. „Soltanto in pochi si prendono la briga di fare un lungo cammino per venire fin qui. Preferiscono inventare storie selvagge su di me, storie che fanno paura, così da avere una scusa per non venire a trovarmi. Di fatto le persone sono di rado abbastanza coraggiose. Cosa vi porta fin qui?"

Allora la figlia della locandiera raccontò della chiave.

La maga annuì con le labbra serrate, sussurrando un „hm hm hm" mentre la ragazza parlava.

Girò un paio di volte intorno al tavolo, pensierosa, e il figlio del fabbro e la figlia della locandiera seguivano i suoi passi senza riuscire a staccarle gli occhi di dosso.

Infine disse: „Produrrò questa chiave per voi. A questo scopo mi serve una ciocca di lunghi capelli di ragazza: un capello bianco, uno nero, uno castano, uno dorato e anche uno rosso! I capelli devono essere freschi, altrimenti l'incantesimo non funzionerà. Dunque dovrete condurre qui le ragazze."

Ora il fato voleva che tutte le cinque figlie della locandiera portassero i capelli lunghi:

la maggiore aveva capelli così biondi da sembrare bianchi.

La seconda aveva capelli così scuri da riflettere un nero color ebano.

La terza aveva capelli color nocciola e la quarta capelli di un biondo dorato.

Lei stessa, la più giovane delle figlie, portava lunghi e luminosi capelli rossi.

Perciò i due si precipitarono di gran fretta giù per la valle e si diressero alla locanda.

Non appena la giovane figlia entrò nella locanda, trovò tutte le sorelle intente nei loro lavori.

La maggiore stava dietro al bancone e osservava sorridente e immobile i bicchieri d'argento che aveva messo tutti in fila uno di fianco all'altro. Ripetutamente li esponeva alla giusta luce e osservava il bagliore dell'argento.

La seconda sedeva al tavolo e da un lato riempiva brocche con vino di bassa qualità mentre dall'altro divideva freneticamente le lenticchie dai piselli, ammucchiandoli in un grosso mucchio di fronte a sé. Contava ad alta voce senza distogliere lo sguardo dal suo duro lavoro. Continuava a spingere un mucchietto verso destra, e poi verso sinistra, dunque una brocca verso destra, e una verso sinistra.

La terza colpiva la sorella più piccola con uno strofinaccio da cucina, gridandole: „Lasciate andare la scopa! Dobbiamo lavare tutte le tende, questo è il lavoro più importante. Dovete aiutarmi!"

La quarta figlia si lamentava: „Ma sì, ma sì!" e cercava di scansare le frustate correndo intorno alla sorella.

„Sorelle mie! Ascoltatemi!", disse la figlia più giovane, e raccontò della maga sulla montagna, e di come questa avrebbe costruito per lei una chiave, in cambio delle ciocche di capelli richieste.

Corse dalla sorella maggiore e le strinse le mani.

„Nostra madre non aveva previsto che avremmo ricevuto ospiti tanto nobili. Non avrebbe di certo preso con sé la chiave della cantina, se lo avesse saputo!"

Allora la sorella maggiore fece uno sguardo pensieroso.

E alla seconda figlia disse: "A cosa servono i bicchieri d'argento e le pietanze più raffinate, se il vino che le accompagna è di poca qualità?!"

Anche la seconda figlia fece una pausa dal suo lavoro frenetico e rifletté.

Alla terza ragazza prese di mano lo strofinaccio per i piatti e disse: „Fermatevi! Piuttosto, spazzolate i capelli di vostra sorella, così da farli diventare lisci e puliti!"

La terza sorella sollevò i pugni in aria, brontolando, e rifletté.

E alla quarta allungò lo strofinaccio dicendole: „Smettete di lamentarvi! Pulitevi il naso e andate a procurarci due muli dal vicino."

Ma le sorelle non si muovevano.

„E chi resta qui a lavorare, mentre noi cinque andiamo sulla montagna?", domandò la maggiore, e le altre sorelle annuirono d'accordo.

„Chi altri ha capelli chiari come i vostri, nocciola come i vostri, dorati come i vostri e di un nero lucente come i vostri?", rispose la piccola indicando in fila ciascuna delle sorelle.

Le ragazze dovettero ammettere che si trattava di un caso straordinario e che effettivamente non conoscevano nessun altro che avesse i capelli del loro stesso colore.

Dunque si convinsero a mettersi in cammino.

In fila indiana attraversarono il sentiero contorto, curva dopo curva dritte su per la montagna, finché non giunsero al campo innevato e alla pietra rocciosa.

Le sorelle rimasero a bocca aperta quando la più piccola le condusse all'entrata della grotta innevata.

Là ognuna di loro si strappò un lungo capello dal capo e lo appoggiò con cautela sul tavolo: un capello bianco poi uno nero poi uno dorato poi uno nocciola poi uno rosso.

La maga comparve dal nulla, non appena fu posato l'ultimo capello. Mosse un incantesimo sfavillante e i cristalli sopra alle teste delle ragazze presero a suonare un'armonia meravigliosa.

I capelli sul tavolo si intrecciarono l'uno con l'altro, plasmandosi nella forma di una chiave. Dai cristalli sul soffitto scese neve pura, che si posò delicatamente sulla forma fino a coprirla completamente. Quando la maga ritenne di aver ottenuto l'oggetto desiderato, vi spruzzò sopra acqua ghiacciata. Poi lo appoggiò con delicatezza su un grosso vassoio.

Infine allungò alle ragazze la chiave, tutta ricoperta da cristalli scintillanti e luccicante nel ghiaccio come fosse di argento pregiato.

„Questa vi garantirà l'accesso!", disse la maga. „Dovrete però raggiungere la porta prima del sorgere del sole, perché se i primi raggi del mattino la colpiranno, essa si scioglierà in acqua."

Le cinque sorelle ringraziarono.

In fretta, avvolsero la chiave di ghiaccio in un panno e

raccolsero neve in modo da formare una grossa palla protettiva intorno alla stoffa. Posarono la palla di neve in una spessa coperta, che passarono poi intorno al loro bastone da passeggio, il quale era stato di buon aiuto durante la salita. In questo modo, i muli si accingevano a portare il bene prezioso fino in fondo alla valle.

Ma d'un tratto, visto che il tempo stringeva, le ragazze spronarono gli animali a un trotto sempre più veloce, finché la palla di neve scivolò dal suo supporto e precipitò giù per la montagna. Rotolando, la palla diventava sempre più grossa e non si fermava mi. Ruzzolò per tutto il pendio fino alla valle, infine scomparve nel buio e non fu più possibile distinguerla.

Le sorelle si guardarono indietro disperate, portandosi le mani al volto.

„E' stato tutto inutile! Avremmo fatto meglio a lasciare le cose così come stavano! Questo è ciò che abbia ottenuto", disse la maggiore.

„La fortuna va e viene", si limitò a commentare la seconda, alzando le spalle. „Faremo meglio a tornare a casa di corsa!"

„Non avreste dovuto spronare i muli così tanto", si lamentò stizzita la terza, colpendo con un gesto di rabbia le bestie, che con un sonoro raglio si allontanarono al galoppo.

„Ora siamo perdute!", piagnucolò la quarta, e si sedette sulla neve, la testa sepolta fra le braccia.

„Voi creature ingrate!", ruggì una voce proveniente dall'alto, laddove era collocata la grotta della maga. „Trattate in questo modo il mio dono!"

Non avevano neppure fatto in tempo a udire la minaccia, che anche la maga si palesò di fronte a loro. Infuriata, scagliò un incantesimo contro la sorella maggiore trasformandola in un coniglio delle nevi bianco quanto i suoi capelli.

Poi si girò verso la seconda, tramutando anche questa in un coniglio, questa volta color ebano. E lo stesso fece con la terza e con la quarta sorella.

La più piccola nel frattempo non era rimasta con le mani in mano, ma aveva recuperato il vassoio sul quale la chiave era stata loro consegnata.

„Seguitemi, sorelle!", disse ai conigli, proprio mentre la quarta veniva trasformata in un coniglietto beige e si mischiava agli altri.

Prima che la maga potesse scagliare il suo incantesimo anche contro di lei, la ragazza si spinse sul vassoio e, facendone uno slittino, si lasciò scivolare fino in fondo alla valle, nella stessa direzione in cui era caduta la palla di neve.

Presto scomparì dalla vista della maga, scivolando nel buio della notte. I quattro conigli la seguirono giù per la valle.

Fu' una caduta selvaggia, tra li alberi scuri e la neve profonda, ma la sorella più giovane si orientò seguendo il percorso che la grossa palla di neve aveva scavato dietro di sé.

Laddove la neve si fece più scarsa e l'aria più tiepida, la palla si era bloccata ai margini di una prateria.

La ragazza tuttavia riuscì a scorgere la palla soltanto alla fine della sua ripida scivolata, quando era ormai troppo tardi, e prese in pieno la montagna di neve, così che lo slittino si impennò su di essa disegnando un ampio arco nell'aria.

Senza perdersi d'animo, la ragazza si alzò subito e spazzò via la neve dal suo abito.

„Bisogna dissotterrare la chiave", pensò tra sé e sé. Ma la

montagna di neve davanti a lei era troppo grande, e lei stessa non sapeva da che parte iniziare.

„Di qua, conigli!", gridò allora verso il buio della montagna.

Dopo un po' le bestiole la raggiunsero con grossi balzi e si fermarono ai suoi piedi.

„Scavate un tunnel nella palla di neve", comandò la più giovane delle sorelle. „Trovate la strada giusta per me!"

Subito i quattro conigli iniziarono a scavare velocemente, partendo da quattro angolazioni diverse, mentre la neve schizzava tutt'intorno a loro. Unendo le proprie forze, trovarono presto la direzione giusta e riuscirono a recuperare la chiave di ghiaccio.

La ragazza avvolse di nuovo la chiave nella neve. Questa volta però la tenne lei stessa, con grande attenzione. I quattro conigli saltellavano dietro di lei.

Raggiunsero la città proprio all'alba.

La palla di neve iniziava già a sciogliersi al sole, e l'acqua cadde a piccole gocce durante tutto il cammino che le sorelle dovettero ripercorrere all'indietro, fino alla casa e alla cantina dei vini.

L'acqua gocciolò sui quattro scalini davanti alla porta chiusa, lustrandoli come d'incanto, rendendoli luccicanti come le scale di un castello.

La più piccola srotolò con prudenza la chiave di ghiaccio dall'involucro e la infilò nella serratura della porta. Si infilò senza bloccarsi, come la vecchia chiave di ferro era solita fare. Con la massima attenzione, la girò tre volte verso destra.

Allora la porta si aprì scricchiolando.

E appena attraversò la porta, seguita dai conigli, ognuno di questi si tramutò nuovamente nella rispettiva sorella.

Le ragazze si presero per mano e risero di gioia.

Presero il vino migliore dalla cantina e si occuparono insieme delle faccende che restavano da ultimare prima che giungessero i nobili ospiti.

Quando la chiave si sciolse completamente alla luce del sole, la pesante porta di legno si richiuse da sola scricchiolando.

Il giorno seguente giunsero i nobili ospiti e tutto andò per il meglio. Non mancò nulla.

Orgogliose, comunicarono alla madre della visita die nobili reali, una volta che questa fu di ritorno.

Da quel giorno in poi, a fianco dei quattro scalini sgorgò una sorgente di acqua così limpida come non ve n'era mai stata prima in città. L'acqua era così rinfrescante che le persone giunsero da ogni parte del regno per averne. Le ragazze ribattezzarono la locanda con il nome „la Sorgente Sgorgante", facendola diventare una famosa meta di pellegrinaggio da tutto il mondo.

Questa locanda esiste ancora oggi. E sebbene nessuno sappia dove si trovi esattamente, capita che qualche pellegrino trovi la sorgente.

L'incantesimo
della fata dell'acqua

C'era una volta un ricco latifondista che aveva due figli, un maschio e una femmina.

Entrambi possedevano folti capelli neri, e quelli della figlia erano lunghi e spessi e luccicavano al sole come velluto.

Entrambi inoltre avevano ereditato dalla madre profondi occhi neri a forma di mandorla, e questo bastava affinché fossero subito riconosciuti come fratello e sorella.

Sebbene nella tenuta vivessero molti dipendenti, il padre vi condusse ben presto i due figli così che anche loro aiutassero nel lavoro.

Il maschio lavorava come sovraintendente dei campi, comandava i servi e le ancelle e controllava i guadagni.

Amava contare le riscossioni alla fine del raccolto e teneva tutti i conti in un grande libro. Non appena aveva un po' di tempo libero, gli piaceva passeggiare per il magazzino o per il fienile e la sola vista delle ricche scorte era per lui una grande felicità.

La femmina, invece, veniva impiegata come ancella, teneva la casa pulita, cucinava e rammendava, curava l'orto e puliva le verdure. Amava lavorare nel frutteto, dove coltivava alberi di mele, prugne e ciliegie.

Appena aveva un po' di tempo libero, le piaceva passeggiare per il frutteto e la sola vista degli alberi colmi di frutti era per lei una grande felicità.

La moglie del latifondista era morta giovane.

Lui non si era mai risposato e un giorno morì, lasciando la tenuta ai due figli, che nel frattempo erano cresciuti diventando due giovani ragazzi.

La figlia ereditò il frutteto.

Al figlio furono assegnati la casa padronale e i fabbricati agricoli e l'intero terreno e i campi e le provvviste di tutte le cantine.

Da quel giorno in poi tutti i servi e le ancelle lavorarono sotto di lui.

Il padre non era ancora stato sotterrato, che il giovane disse alla sorella: „Non potete più abitare nella casa padronale. Non è più casa vostra, la tenuta appartiene a me ora. La vostra casa sarà il frutteto. Costruirete lì una capanna e baderete da sola al vostro sostentamento. "

La ragazza si avviò tristemente verso il frutteto e si accovacciò sotto l'albero più grosso, dove costruì un giaciglio fatto di muschio e foglie.

Prima di addormentarsi, passeggiò verso il grande stagno che confinava con il suo frutteto, diede uno sguardo all'acqua e sospirò: "Che cosa ne sarà ora di me?"

Subito dopo si coricò.

Ciò avvenne per tre sere di fila.

La terza sera, quando il suo sguardo si posò sull'acqua dello stagno, vi vide vorticare una meravigliosa figura. L'essere, fatto soltanto di gocce d'acqua chiare, ballava nelle sembianze di una giovane ragazza sorridente sulla superficie del piccolo stagno.

La figlia del latifondista, pensando di sognare, si pizzicò un braccio con le dita. Ma la bella creatura non scomparve.

„Non dubitate di quello che vedete", le si rivolse la creatura d'acqua con fare gentile. „Esisto davvero."

„Siete l'essere più incantevole che io abbia mai visto!", disse la ragazza esprimendo tutta la sua meraviglia per la bellezza di quella figura, che ora riusciva a vedere bene da vicino.

„Questo è tipico delle fate", rise questa. „Dovete sapere che io sono una fata d'acqua. Ma grazie tante per le parole gentili! Persino noi fate non ne udiamo spesso, perché la maggior parte delle persone pensa l'apparire carina alla vista sia scontato per una fata."

„Se siete una fata, allora potete aiutarmi?", domandò la figlia del latifondista. „Potete farmi un po' compagnia? Sono tutta sola."

„Oh, mi piacerebbe davvero!", rispose la fata e, danzando, disegnò un cerchio sull'acqua. „Ma purtroppo non posso lasciare lo stagno. Siete voi che dovete venire da me, se desiderate compagnia."

„Mi piacerebbe tanto saper danzare come voi!", disse la figlia del latifondista.

„Non c'è nulla di più facile!", rispose la fata. „Ma ormai è già buio e tra poco dovrò tornare sul fondo dello stagno. Venite qui domani sera alla stessa ora!"

La figlia del latifondista si congedò e si andò a coricare di buon umore. Il giorno seguente raccolse molti cesti di ciliegie. Li portò al mercato e li vendette bene.

Al crepuscolo attese sulla riva dello stagno.

Puntuale, appena l'ultimo raggio di sole scomparve all'orizzonte e il cielo dipinse l'acqua di rosso, la fata comparve davanti a lei.

Allungò una mano alla ragazza e la condusse sull'acqua. Come rimase sorpresa la ragazza quando si accorse che poteva camminarvi sulla superficie senza sprofondare!

Danzarono finché non si fece buio e la fata si congedò.

Le cose andarono in questo modo per molte volte: di giorno la ragazza coltivava le ciliegie e le portava al mercato, e la notte si impegnava a danzare con la fata dell'acqua.

La figlia del latifondista ne derivava una gioia che le faceva dimenticare il suo dolore.

Una sera la fata le disse: „Avete appreso con diligenza. Ora danzate bene tanto quanto me. E come regalo per la vostra devozione vi voglio donare questo abito! Conservatelo con cura, poiché con questa veste potrete ballare anche sulla terra così bene come fate sull'acqua."

Allungò alla ragazza uno splendido abito fatto soltanto di acqua argentata e ricamato tutt'intorno da luccicanti gemme di rugiada.

„Vi ringrazio con tutto il mio cuore!", rispose la ragazza, indossando l'abito. Vorticò con la nuova veste sull'acqua e fu felice soprattutto del fatto che riusciva a muoversi completamente da sola, senza l'aiuto della fata. Quando si fermò, senza respiro, si guardò intorno, e la fata dell'acqua era già scomparsa sebbene non fosse ancora buio.

La figlia del latifondista ripose il meraviglioso abito sotto al grande ciliegio e lo conservò con cura in una coperta, affinché non si sciogliesse al sole.

Continuò ad andare ogni sera al laghetto, ma la fata dell'acqua non torno mai più. Allora la ragazza decise di indossare comunque l'abito e di danzare lo stesso da sola, per un'ora, sulla riva dello stagno.

„Ballo bene come la fata", diceva tra sé e sé. „Ormai ho imparato a farlo e voglio continuare e goderne."

Mantenne la sua decisione e da quel giorno in poi ballò ogni sera alla stessa ora intorno allo stagno.

Una sera giunse per quella strada un giovane, figlio di agricoltori, che era conosciuto in tutta la regione per aver fatto fortuna con la vendita del miele d'ape dorato. Egli era alla ricerca di un nuovo spazio per le sue ceste di api. Così, scorse la figlia del latifondista sulla riva dello stagno, che ballava in maniera incantevole nel suo vestito luccicante, così come aveva visto fare soltanto alla principessa del regno.

„Siete magnifica in questo abito!", parlò il giovane d'istinto.

La ragazza smise di ballare e si girò per vedere chi l'aveva sorpresa con tali parole. Conosceva il figlio dell'agricoltore, così come tutti nel regno, poiché anche alla tenuta si era soliti comprare il miele da lui.

„Vi ringrazio", rispose. „Sì, questo vestito è davvero straordinario. Lo amo molto."

Allora il giovane le domandò se potesse lasciare i cesti di api nel suo frutteto e la ragazza gli fece strada con piacere. La sera successiva, dopo che ebbe ballato per un po', udì di nuovo parole sorprese: „Ballate proprio meravigliosamente!"

Di nuovo la ragazza si fermò e guardò il figlio del contadino.

„Vi ringrazio", rispose come aveva fatto il giorno prima. „Sì, mi sono allenata molto per apprendere questi movimenti, e continuo a farlo per non perdere la capacità del ballo."

Questa volta il giovane le domandò se potesse dare un'occhiata alle sue ceste di api, per vedere se fosse tutto in ordine e se le api si trovassero bene nella nuova casa. E di nuovo lei lo condusse al frutteto.

Quando, la sera successiva, udì nuovamente queste parole per la terza volta „Ballate davvero meravigliosamente in quell'abito luccicante!", la ragazza si voltò verso il giovane e disse:

„Vi ringrazio per le parole cordiali. Ma preferirei di gran lunga udire che sareste felice di farmi compagnia. Per quale motivo altrimenti vi presentate qui ogni sera?"

Allora il figlio del contadino si fece silenzioso. Poi disse:

„Certo, l'abito non è la ragione per la quale vengo. E non lo è neppure la sola danza. Vi farei volentieri compagnia, se me ne darete la possibilità."

Fu così che il ragazzo prese a venire ogni sera al frutteto per vedere la figlia del latifondista e portare da lei il miele.

Alla raccolta delle ciliegie seguì la raccolta delle mele e poi quella delle prugne.

Insieme produssero con il miele di lui e con il succo di mela di lei, che era ormai caduto a terra e non si poteva più vendere, un dolce sidro di mele.

Tutti coloro che acquistavano miele o frutti vollero provare anche il sidro e ben presto la domanda si fece così grande che ne dovettero produrre di nuovo. Di lì a poco divennero migliori amici. E quando venne l'inverno convolarono a nozze.

La primavera successiva fecero costruire una graziosa villa al confine dello stagno. Era tanto avvenente quanto la vecchia tenuta dei due fratelli e, non appena fu pronta, gli sposi vi diedero una grande festa.

Anche il fratello della ragazza aveva nel frattempo trovato una moglie, che portò con sé alla festa. Si mangiò e si ballò. La figlia del latifondista indossò il meraviglioso abito donatole dalla fata dell'acqua e ballò come una principessa suscitando la meraviglia di tutti.

Quando il fratello si accorse di quell'abito, e vide come luccicasse durante le danze, volle sapere dove la sorella avesse preso una stoffa così straordinaria.

Allora lei gli raccontò esattamente come lo aveva ottenuto.

Il fratello pensò tra sé e sé che non sarebbe stato opportuno se la sua fidanzata, la futura signora della tenuta, avesse indossato un vestito meno incantevole di quello di sua sorella!

Decise allora di andare lui stesso al laghetto per ottenerne uno altrettanto regale.

Per tre sere si presentò allo stagno e sospirò tutte e tre le volte: „Che cosa ne sarà ora di me?"

E infatti!

Appena lo disse per la terza volta, vide comparire la fata dell'acqua.

Come gli era stato anticipato dalla sorella, la fata si muoveva in maniera aggraziata e regale sull'acqua ed era la figura più bella che lui avesse mai visto.

Ma pensò anche tra sé e sé che in quanto fata ella avesse il dovere di apparire bella e pensò dunque che nessun complimento fosse dovuto.

Perciò disse: „Eccovi! Vi stavo aspettando. Siete dunque la fata dell'acqua?"

L'essere smise di danzare e gli si avvicinò annuendo con gentilezza.

„Sì, sono io. Vi serve compagnia, poiché siete solo?"

Il figlio del latifondista incrociò le braccia sul petto.

„Io sono abituato a fare le cose da solo! No, non mi serve compagnia. Ma mi potete insegnare a ballare", rispose lui e pensò tra sé e sé che, se avesse imparato a ballare bene, avrebbe di certo meritato un abito prezioso come premio.

„Non c'è nulla di più facile!", rispose la fata. „Ma ormai è già buio e tra poco dovrò tornare sul fondo dello stagno. Venite qui domani sera alla stessa ora!"

Il giorno seguente il padroncino si aggirò con fare sgarbato tra i campi e intorno alle case, e scansò bruscamente i servi e le ancelle che gli si paravano davanti al cammino.

Alla sera di presentò spazientito al laghetto.

Puntuale, appena l'ultimo raggio di sole comparve all'orizzonte e il cielo dipinse l'acqua di rosso, la fata comparve di fronte a lui.

Lo prese per mano e lo condusse sull'acqua.

Il giovane, che nella sua vita aveva imparato soltanto a contare e a comandare, posizionò lentamente un piede vicino all'altro. Pensò che sarebbe bastato seguire l'esempio della fata e fare tutto come lo faceva lei per raggiungere il suo obiettivo, senza dover imparare a ballare sul serio.

Si mossero così imitandola a lungo, finché non iniziò a fare buio.

Prima di congedarsi la fata disse al figlio del padrone della tenuta:

„Per essere il primo giorno ve la siete cavata davvero bene!"

Ma il padroncino incrociò nuovamente le braccia sul petto e rispose:

„Ah, questo non è nulla! Non dovete lodarmi fino a che non ballerò meglio del principe del castello!"

Anche nei giorni successivi il giovane si presentò sempre alla stessa ora, determinato a ottenere il più bello degli abiti per la sua fidanzata.

E la fata ballò con il giovane, complimentandosi con lui ogni sera per i suoi progressi.

Ogni volta lui rispondeva con le stesse parole:

„Non dovete lodarmi fino a che non ballerò meglio del principe del castello!"

Ma quando furono passate sette sere la fata non si fece più vedere. E persino all'ottava sera non comparve.

Allora il giovane si arrabbiò, poiché l'abito era stato l'unica ragione delle sue fatiche e finora non lo aveva ancora ottenuto.

Pestò i piedi con collera intorno allo stagno e chiamò a gran voce la fata dell'acqua.

„Non erano questi gli accordi!", gridò, saltando in cerchio in direzione dell'acqua. „Non ballo ancora come il principe del castello! Guardate qui, fata! Guardate come sono maldestro!"

E batté così forte i piedi, ansimando in cerchio così a lungo, che alla fine la fata comparve davvero sull'acqua.

Questa volta però non ballava ma lo guardava in silenzio.

„Dovete insegnarmi a ballare come un principe, e dovete darmi un premio per le mie fatiche", disse il padroncino. „Così è la storia! Proprio così. Dovete insegnarmi a ballare e poi donarmi un abito fatto di acqua argentata e decorato di rugiada. Non potete tirarvi indietro prima che la scommessa sia finita."

La fata lo guardò a lungo in silenzio.

„L'abito per voi non va bene", rispose alla fine.

„Che cosa, non volete darmelo?!", gridò il giovane arrabbiato e afferrò il vestito della fata. „Allora me lo prendo da solo."

E così dicendo strattonò con forza le pieghe del suo abito.

Ma, non appena lo toccò, questo sì frantumò in migliaia di piccole gocce d'acqua e lui cadde con queste a testa in giù nello stagno.

Quando ritornò ansimando in superficie era completamente ricoperto di fango e alghe. Si aggrappò con difficoltà alla riva e, riemerso dallo stagno, si avviò sporco e grondante verso la casa padronale.

Ma i domestici e i servitori non lo riconobbero. Vedendo una figura buia e minacciosa trascinarsi verso la tenuta, scapparono a gambe levate, poiché pensarono si trattasse di un fantasma dalla brughiera.

Quando alla fine l'uomo entrò in casa, completamente fradicio, si ritrovò tutto solo nella tenuta.

E siccome era capace soltanto di contare e comandare, non seppe mettere mano ai lavori più semplici.

Avrebbe voluto riavere indietro i suoi domestici e la sua fidanzata, ma non si preoccupava troppo poiché pensava, tra sé e sé, che questi avrebbero ben presto capito il malinteso e, pieni di rimorso, sarebbero tornati da lui.

Passarono i giorni, le settimane e i mesi senza che nessuno tornasse. Ma lui, ostinato, si aggrappava al pensiero che i suoi cari alla fine si sarebbero infine accorti del loro errore.

La vecchia villa fu abbandonata, i campi non vennero coltivati, l'economia andò in perdita e tutto quanto fu ricoperto da cespugli di rovi.

Più la tenuta andava in rovina, più di rado si vedeva il padroncino, finché si iniziò a vociferare che la villa fosse infestata da uno spirito malvagio. Da allora in poi più nessuno osò avvicinarsi alla villa. Tutti stavano alla larga da quel luogo sinistro e nessuno fu più in grado di dire che cosa ne fosse stato del padrone della vecchia tenuta.

Al contrario, le cose andavano alla grande nella nuova tenuta. La figlia del vecchio latifondista era una moglie felice, e le risate dei suoi figli risuonavano per tutto il frutteto. Prima di mettere a letto i bambini, la donna era solita raccontare loro la storia della fata dell'acqua.

Nelle giornate di festa tirava fuori il meraviglioso abito e tutti ballavano felici al lato dello stagno. E a volte accadeva persino di udire una risata lontana dal fondo dell'acqua.

La prova di coraggio

C'era una volta un ricco mugnaio, che tutti conoscevano come il Mugnaio del Sud, poiché possedeva un grandioso mulino nella regione a sud del regno.

La moglie era morta dando alla luce il loro unico figlio e, da quel momento in poi, il Mugnaio del Sud si era immerso totalmente nei suoi affari, concedendo al figlio tutti i desideri che si potevano comprare con il denaro. Il bambino crebbe diventando un ragazzo sveglio e, quando fu abbastanza grande, il padre gli regalò un gioiello di cavallo, tanto forte quanto quello del figlio del re.

Le ragazze più ingenue chiacchieravano del giovane figlio del mugnaio, ogni volta che questo cavalcava per la regione, orgoglioso in sella al suo cavallo, senza degnarle di uno sguardo.

Un giorno il figlio del mugnaio radunò i suoi amici intorno a sé. Tra loro vi era il figlio del cioccolataio, che da sempre era stato il suo compagno di banco e dunque il suo più vecchio amico.

La sua pelle aveva il colore del cioccolato ed era l'unico che sapesse parlare due lingue. Vi erano anche i due figli del Governatore, che erano diventati suoi amici poiché erano gli unici che possedessero dei cavalli. Vi era poi la figlia della sarta, che era la sua amica più cara. Era giunta da una terra lontana insieme alla madre, portando con sé stoffe meravigliose. La sua pelle non era così scura come quella dei cioccolatai, ma neppure così chiara come quella di tutti gli altri.

Infine vi era il figlio del fabbro, che era il suo amico più fidato, che lo ammirava per il suo meraviglioso cavallo e per il suo essere tanto desiderato dalle ragazze.

„Oggi è un giorno stupendo! Voglio fare una cavalcata con voi. Chi vuole venire? Abbiamo tre cavalli e siamo in sei. Ciascun cavallo può portare due di noi.“

L'idea riscosse un gran successo.

Ognuno preparò una sacca con un po' di cibo, sellarono i cavalli e partirono. La figlia della sarta salì con il figlio del mugnaio sul suo stallone. Lui era orgoglioso di poterla stringere a sé sulla sella, per proteggerla affinché non cadesse. La ragazza dal canto suo era una brava cavallerizza e non aveva bisogno di questo aiuto, ma lo lasciava fare volentieri.

Cavalcarono attraverso i campi, tutti di buon umore e felici per la stupenda giornata. Quando si avvicinarono alla foresta, il figlio del mugnaio fermò improvvisamente il suo cavallo.

„Chi ha il coraggio di cavalcare con me nella foresta?", domandò ai suoi amici, con il suo fare arrogante che traspariva voglia di avventura.

Tutti sapevano che nella foresta viveva un drago cattivo e nessuno vi entrava, se poteva evitarlo.

I suoi amici tacquero.

"Voglio proprio vedere chi di voi ha il coraggio di seguirmi!", disse il figlio del mugnaio ai suoi compagni.

Allora il figlio più grande del governatore, ricordandosi di un compito che gli aveva dato il padre quella mattina, disse:

„Io non vi posso seguire oltre. Andate da soli, vi lascio il mio cavallo. Devo rientrare in città per compiere i miei doveri, altrimenti mio padre si arrabbierà!"

Il figlio del mugnaio fece una smorfia.

„Ora si capisce chi è il più codardo! Uno come te, non lo chiamerò più amico!", gli gridò alle spalle, mentre questo si avviava a piedi in città.

„Ora, chi di voi accetta questa prova di coraggio?", domandò agli amici che erano rimasti.

Tutti accettarono di intraprendere il cammino nella foresta buia.

Dopo pochi passi soltanto, il tetto di foglie si fece così spesso che il sole non poté più attraversarlo. Presto dovettero indossare le loro giacche, poiché si faceva freddo.

Scricchiolando piano, i cavalli trottarono fra gli alberi spessi, passarono alla sinistra di un ceppo, poi di nuovo a destra.

Allora il figlio del cioccolataio, ricordandosi che i genitori gli avevano espressamente proibito di entrare nella foresta, disse:

„Andate avanti, voi. Io ho dato la mia parola a mia madre che non sarei mai entrato nella foresta, dunque torno indietro!"

Di nuovo il figlio del mugnaio fece una smorfia.

„Anche tu sei un pappamolle! Corri a piangere dalla mammina! Uno come te, non lo chiamerò più amico!"

Mentre il figlio dei cioccolatai prendeva la strada di ritorno, gli altri continuarono a cavalcare nella fitta foresta.

Si fermarono nei pressi di un torrente per mangiare e riposarsi un po'.

„Lega bene i cavalli", disse il figlio del mugnaio al suo amico più fidato, il figlio del fabbro. „Hanno un udito sopraffino e riescono a sentire i draghi anche in lontananza. Che non ci scappino!"

Sedettero sul muschio ai piedi di un grosso albero e consumarono il loro pane e i frutti che si erano portati.

Dopo una lunga pausa ritornarono ai cavalli per riprendere il percorso.

Ma, ops! Cosa dovettero vedere: Vi era rimasto soltanto un cavallo! Quello del figlio del mugnaio così come quello del figlio maggiore del fabbro erano spariti.

Infuriato per questa brutta perdita, il figlio del mugnaio inveì contro il suo amico dandogli dello stupido.

„Non hai legato strette le briglie. Guarda cos'hai combinato! Vattene via! Tu sei solo di impiccio in questa prova di coraggio! Non sei in grado di fare nulla! Uno come te, non lo chiamerò più amico!"

Il figlio del fabbro, triste, impacchettò la sua sacca e se ne andò a testa bassa.

Allora la figlia della sarta saltò in piedi e disse al figlio del mugnaio:

„Non è giusto che tu gli parli in questo modo! Me ne andrò con lui."

Ma era proprio a lei che il figlio del mugnaio aveva voluto mostrare il suo coraggio. Perciò si risentì molto e le gridò dietro, con il petto gonfio:

„Soltanto una ragazza poteva dire una cosa così ingenua! Non sarai più mia amica! Chi se ne importa!?"

Rimasero dunque soltanto il figlio del mugnaio, il più giovane dei figli del governatore e il cavallo di quest'ultimo.

„E' solo un bene che lei se ne vada. Così restiamo soltanto in due e possiamo condividere la sella", disse con audacia il figlio del mugnaio.

Il suo amico però, preoccupato soltanto del suo cavallo, rispose:

„Non voglio rischiare il mio cavallo soltanto per una prova di coraggio. Continuo volentieri con te nella foresta, ma prima voglio riportare il mio cavallo alla stalla."

Questo fece infuriare ancora di più il figlio del mugnaio.

„Che discorso stupido!", disse. „Non aspetterò un minuto di più! Un bugiardo come te, non lo chiamerò più amico!"

E così le strade del figlio del governatore e del figlio del mugnaio si separarono.

Quest'ultimo si trascinò con il suo orgoglio nel profondo della foresta.

Dopo poco gli uccelli si fecero silenziosi.

Il buio iniziava a scendere e di lì a breve sarebbe stata notte. Il figlio del mugnaio sospettò di trovarsi nelle vicinanze del drago e si preoccupò molto.

Era stato così occupato a far valere il suo orgoglio da non accorgersi del passare del tempo. Adesso era ormai troppo tardi per tornare indietro, ma allo stesso tempo la sua coperta e il suo cibo erano andati persi insieme al cavallo.

Rabbrividì, sentendo i morsi della fame.

Non aveva con sé più nulla se non i vestiti sul suo corpo. E non c'era più neanche un amico, con cui avrebbe potuto riscaldarsi e stare in compagnia.

Se il drago lo avesse trovato così vulnerabile, per lui non ci sarebbe stato scampo!

Le sue gambe iniziarono a tremare.

Allora il figlio del mugnaio cadde in ginocchio e si lasciò andare a un pianto amaro. Non aveva voluto tutto ciò!

Inizialmente singhiozzò piano trattenendo le lacrime, poi il pianto si fece sempre più forte.

„Chi va a caccia di draghi dovrebbe essere preparato a incontrarne uno! ", sibilò una voce profonda sopra di lui.

„Che cosa? Chi va là?"

Il figlio del mugnaio saltò in piedi spaventato, si asciugò gli occhi ma non riuscì a vedere nessuno.

„ Chi va a caccia di draghi dovrebbe essere preparato a incontrarne uno! ", ripeté la voce.

Il ragazzo guardò in alto sopra di lui, da dove provenivano le parole, e si accorse che il grosso albero sopra cui si era appoggiato non era affatto un albero.

Era la gamba di un gigante, che lo sovrastava.

Il gigante non era soltanto alto, bensì aveva muscoli potenti e braccia possenti, che teneva incociate sul petto, mentre osservava il figlio del mugnaio tremante, dall'alto al basso e con fare alquanto derisorio.

Questi rimase immobile, gli occhi spalancati dalla paura e dallo stupore.

„ Chi va a caccia di draghi dovrebbe essere preparato a incontrarne uno! ", disse il gigante per la terza volta.

„Non ho nessuna paura del drago! ", affermò il figlio del mugnaio con fare sfacciato.

Il gigante girò la testa lentamente verso destra, poi brontolando verso sinistra, poi guardò di nuovo il ragazzino ai suoi piedi.

„Non vedo nessuno qui, a cui tu possa dimostrarlo. "

Il figlio del mugnaio non seppe cosa dire, perciò domandò:

„Chi siete veramente?"

„Sono Odem, lo spirito della foresta. Un parente lontano del signore del castello, il Conte Consape von Valezza", rispose il gigante a testa alta.

„Non siete uno spirito, voi siete un gigante!", rispose il figlio del mugnaio diffidente.

„In quanto spirito posso presentarmi in tutte le forme. Ho trovato opportuno presentarmi a te nella forma di un gigante."

Di nuovo il figlio del mugnaio non seppe che cosa rispondere.

„Bene", borbottò il gigante. „Ti sei messo da solo in una brutta situazione. Meriti comunque che qualcuno ti aiuti. Puoi esprimere un desiderio. Sarò felice di esaudirlo, se sarà in mio potere."

„Ah!", rispose il figlio del mugnaio, furbo, „So già che cosa desidero! Voglio che tu mi conceda altri dieci desideri!"

Il gigante fece una smorfia e scosse la testa.

„Questo è un buon esempio di cosa *non* è in mio potere!", rispose.

Il figlio del mugnaio rifletté. Gli vennero in mente numerosi desideri. Talmente tanti da non sapere quale fosse il più importante.

Essere famoso e potente?

Una stalla con così tanti cavalli, che ogni giorno avrebbe potuto scegliere quale cavalcare?

Poter volare come un uccello?

Torte di cioccolato ogni giorno?

Una cassa con così tanto oro che avrebbe potuto soddisfare ogni suo desiderio?

Una gallina che deponga uova d'oro?

Essere il re di tutto il regno?

Dopo un po' disse: „Ci voglio riflettere."

„Questa è una saggia scelta", rispose il grosso fantasma. „Nel frattempo, puoi sederti qui sulla mia spalla. Qui sopra sarai al sicuro, e di certo si riflette meglio vedendo la foresta dall'alto e senza tutti questi alberi d'impiccio."

Abbassò la sua grossa mano per allungarla al ragazzo, così che egli potesse arrampicarvisi.

Il gigante superava in altezza persino l'albero più alto della foresta e, seduto sulla sua spalla, il giovane poté vedere le chiome degli alberi sotto di sé, come un infinito mare verde.

Il sole splendeva e un cielo azzurro si estendeva fino all'orizzonte. In basso, nell'incavo di una montagna, poteva vedere il drago dormire, che dall'alto pareva piccolo come un cagnolino.

Su una collina risplendeva il castello reale con le sue bandiere colorate sulle cime e, in lontananza, osservò il mulino di suo padre, la cui ruota girava piano nel vento. Il suo cavallo pascolava felice nel prato intorno. Vide anche la città con le sue torri, dove regnava un fervido trambusto e dove si trovavano ora tutti i suoi amici.

Un profondo sospiro attraversò il suo petto.

Tutto d'un tratto sapeva quale fosse il suo più grande desiderio.

„Non voglio più essere solo. Voglio avere indietro i miei amici", mormorò triste. „Ma li ho cacciati tutti. Non vorranno avere più nulla a che fare con me."

„Hai posto fine alla tua amicizia con loro", annuì il gigante. "Questo è vero. Ma non ho però sentito che loro abbiano fatto lo stesso con te. Vedrò che cosa si può fare. Dormi intanto e riposati un poco."

Il gigante non aveva neppure finito di parlare, che al giovane si chiusero gli occhi e si lasciò andare a un sonno profondo.

Allora con pochi passi il gigante raggiunse il confine della foresta e posò il figlio del mugnaio su un prato verde. Attese finché non fu buio, poi si avvicinò alla città con cautela, facendo attenzione a non essere visto da nessuno, altrimenti la gente si sarebbe spaventata e sarebbe sbottata in un grido selvaggio.

Aspirò profondamente e soffiò con tutte le sue forze nelle case, nelle torri e per le strade. Il suo soffio era talmente potente che tutti pensarono fosse scoppiata una terribile tempesta. Gli abitanti della città serrarono le vetrine dei negozi e si tirarono le coperte fin sul capo, sperando in una mattina più tranquilla.

Anche gli amici del figlio del mugnaio si spaventarono per la tempesta e si consumarono dal rimorso di aver lasciato il loro amico solo nella foresta con quel brutto tempo.

All'alba del mattino successivo, la figlia della sarta corse dai suoi amici, per andare con loro a cercare il figlio del mugnaio. Insieme si affrettarono in direzione della foresta e, a metà strada, trovarono il giovane steso immobile sul prato.

In silenzio, si misero in cerchio intorno a lui, le teste abbassate.

Non avevano certo voluto che andasse così!

„Si è comportato in modo vergognoso, certo. Ma era pur sempre un caro amico!", disse il figlio del fabbro.

„Si è mostrato orgoglioso e presuntuoso, certo. Ma era comunque affezionato a noi", dissero i figli del governatore.

„Si è arrabbiato ed è stato ingiusto, certo. Ma nel profondo anche lui aveva un cuore buono", disse la figlia della sarta.

Sentendo parlare i suoi amici in quel modo, il figlio del mugnaio aprì gli occhi. Allora la gioia di riabbracciarlo fu tanta e tutti si promisero di esserci sempre l'uno per l'altro.

Da quel giorno in poi i sei amici divennero inseparabili.

E quando uno di loro si dava delle arie, gli altri sapevano riportarlo subito al suo posto con una bella lezione di umiltà.

Quattro ferri di cavalli rossi

C'era una volta un fabbro talmente forte e abile nel suo mestiere, che persino i messaggeri della corte reale facevano ferrare a lui i loro cavalli, e cavalieri giungevano da ogni paese per far confezionare a lui le loro spade. Viveva solo, lavorava sodo ed era soddisfatto della propria vita.

Un bel giorno scoppiò sulla regione una brutta tempesta e tutte le persone si rifugiarono nelle proprie case, serrando porte e finestre. Anche il fabbro mise da parte il suo lavoro e stava per chiudere la fucina, quand'ecco che un forestiero giunse alla sua porta chiedendogli riparo per la notte. L'uomo portava un lungo mantello nero ed era in sella a un cavallo bianco come la neve.

Il fabbro, che era persona ospitale, indicò al cavaliere dove avrebbe potuto lasciare il cavallo e, quando questi lo pregò di confezionargli nuovi ferri per gli zoccoli dell'animale in quella stessa notte, riaccese il fuoco e si mise al lavoro.

Lavorò il ferro modellandolo nella forma desiderata ma, quando immerse i ferri di cavallo nell'acqua per raffreddarli, questi mantennero il color rosso scarlatto del ferro ardente. E ciò anche se erano freddi e rigidi come dovevano essere! Il fabbro non aveva mai visto una cosa simile a sgranò gli occhi per lo stupore.

„Questo è un meraviglioso colore!", gli disse il forestiero. „Desideravo proprio dei ferri così. Ferrate tranquillamente il cavallo con questi, va bene."

Allora in fabbro ferrò il cavallo del forestiero, in silenzio, meravigliandosi sempre più di questo fatto straordinario. Ma quando ebbe finito il proprio lavoro e ne ebbe domandato il compenso, il forestiero si lasciò andare a una sonora risata e saltò in sella al suo cavallo senza sfilare il portamonete.

Il fabbro, che non era né uomo dal debole temperamento né dall'esile figura, non si accontentò di usare poche parole.

E siccome non immaginava che il forestiero fosse un mago cattivo, lo minacciò di togliere i ferri al cavallo se egli non lo avesse pagato.

Allora il mago divenne furioso, prese a sbraitare e a sibilare parole di rabbia, conducendo il cavallo in una danza stretta e circolare.

A quel punto avvenne che sfortunatamente, proprio al culmine del litigio, passasse per la strada una giovane donna con un neonato la quale, presa alla sprovvista dal temporale, chiese riparo nella casa del fabbro.

Il mago, nella sua rabbia, pensò che la donna fosse la moglie del fabbro e senza indugio la trasformò in una cicogna.

Poi saltò sul suo cavallo bianco con i ferri scarlatti e partì nella notte scura. Ben presto i quattro ferri rossi non furono che un punto invisibile in lontananza, che divenne sempre più piccolo fino a scomparire nella notte.

Il fabbro, troppo sconvolto da quanto era accaduto per inseguire il fuggitivo, rimase sul posto, con un neonato sbraitante ai suoi piedi e una cicogna sul tetto di casa.

Il giorno seguente interrogò tutti in città per sapere se qualcuno avesse perso un bambino. Poi interrogò l'intera regione, ma non si fece avanti nessuno a rivendicare il neonato. Allora l'uomo lo prese a casa con sé, e anche la cicogna si stabilì presso di lui e costruì sul tetto della fucina un grosso nido.

Il fabbro crebbe il bambino come fosse suo figlio e la cicogna divenne per il piccolo una buona amica. Ogni sera, prima di andare a dormire, lui le gridava „Buona notte!" e lei di rimando batteva il becco, produceva un suono che faceva addormentare il bambino.

Andò avanti così per molte estati e, in inverno, la cicogna migrava verso sud insieme agli altri uccelli, per fare ritorno in primavera.

Finché una primavera la cicogna non ritornò a casa e il suo nido rimase vuoto.

Poiché suo figlio non sembrava volersi riprendere dal dolore per la lontananza dell'animale, il fabbro inventò una storia per calmarlo.

Gli raccontò che la cicogna lo aveva portato lì da bambino ma che, siccome le cicogne dovevano consegnare molti altri bambini, non potevano mai rimanere in un posto fisso, dunque erano sempre costrette a volare via un giorno.

Il piccolo ritenne che questa fosse una spiegazione sensata e smise di soffrire.

Con orgoglio, il bambino iniziò a raccontare la storia in città, ma le persone non lo presero sul serio. E più lui, ingenuamente, enfatizzava la sua storia, più le persone ridevano. Ciò avvenne ripetutamente.

Allora il piccolo divenne furioso, ma le persone si presero gioco di lui ancora di più, tanto che a un certo punto lui iniziò a piangere amaramente. Allora la gente smise di ridere, tutti lo consolarono e dissero: „Ovviamente ti ha portato la cicogna! Noi ti crediamo!"

Così il figlio del fabbro imparò a piangere ogni volta che era furioso, per evitare che la gente ridesse di lui.

E ogni volta che usciva di casa e vedeva il nido vuoto, per la tristezza iniziava a piangere piano, e allora il fabbro arrivava di corsa per tirarlo su di morale.

„Perché piangi in una giornata così splendida!?", lo intratteneva, e rideva e lo faceva volteggiare in aria, finché il piccolo non iniziava a ridere.

Così il figlio del fabbro imparò a ridere ogni volta che era triste, per evitare di vedere tristezza sul viso del padre.

E ogni volta che scoppiava un brutto temporale sulla regione, il fabbro temeva che il mago cattivo sarebbe tornato.

Allora tirava fuori tutto il cibo dalla dispensa, accendeva le candele in casa e i due mangiavano e bevevano come fosse un giorno di festa. Così il figlio del fabbro imparò a mangiare ogni volta che aveva paura, per tenere lontano il mago cattivo.

Così trascorsero gli anni. Il piccolo crebbe e divenne un giovane, imparò il mestiere del padre e pian piano dimenticò la cicogna. Soltanto l'abitudine di banchettare per tenere lontano il mago cattivo non fu mai dimenticata.

Un bel giorno, mentre era solo in casa, scoppiò di nuovo un brutto temporale.

Con sguardo preoccupato, il giovane osservò come le nuvole grigie nel cielo diventassero sempre più pesanti, finché non fu quasi buio. Il vento soffiava forte intorno alla casa e gli venne molta fame. Allora prese il suo mantello e andò alla locanda della città.

Ordinò da bere e da mangiare per tutti e gridò: "Le condizioni atmosferiche sono buone per lasciarsi andare! Dunque mangiate e bevete, sarete miei ospiti!"

Le persone non se lo fecero ripetere due volte. Ordinarono caraffe colme di vino e piatti pieni di cibo, che ben presto coprirono tutti i tavoli. Risero e diedero pacche sulle spalle al figlio del fabbro, lodandolo per la sua generosità.

La locandiera si sfregò le mani, rallegrandosi per i buoni affari che il temporale di quel giorno le aveva portato.

Il giorno seguente bussarono molto presto alla porta del fabbro. Quando il giovane aprì, trovò davanti a sé la più piccola delle figlie della locandiera.

„Mia madre manda il conto!", gli disse. „Desidera che voi mi paghiate subito. Dovete sapere che ci sono stati ladri in città e lei pensa sia meglio che le monete stiano al sicuro dove appartengono."

La somma superava di gran lunga quanto il figlio del fabbro aveva immaginato, dunque si preoccupò poiché non sapeva dove trovare il denaro.

Allora capì che non avrebbe più potuto guardare suo padre negli occhi, tanta era la vergogna.

Doveva fare qualcosa!

Impacchettò tre dei suoi attrezzi da fabbro più importanti in una sacca, vi infilò del pane, prese il suo mantello caldo e si mise in cammino.

Non sapeva dove andare, così proseguì sempre dritto di fronte al suo naso, finché non fu lontano dalla città.

Camminò per molti giorni e molte notti, godendosi poche pause. Completamente esausto dopo aver scalato una montagna, giunse un giorno in una meravigliosa casa isolata, circondata da grossi alberi e siepi alte, che da lontano erano quasi invisibili.

Lì domandò rifugio.

Gli fu concesso un posto nella stalla, dove avrebbe potuto passare la notte. Lui si adagiò sul fieno e iniziò subito a dormire di un sonno pesante.

Ma poco dopo la mezzanotte fu svegliato dall'ululare del vento, dai tuoni fragorosi e dai lampi brillati. Fu subito sopraffatto da una grossa fame.

Il suo stomaco brontolava così forte che un cavallo nell'angolo più remoto del granaio si agitò e iniziò a battere con gli zoccoli sul pavimento.

Allora il giovane, spaventato, sfilò dalla sacca un pezzo di pane, e si accingeva a morderne un boccone quando il suo sguardo cadde sui ferri del cavallo: portava quattro ferri scarlatti!

I ferri che suo padre aveva confezionato tempo prima e di cui non aveva mai ricevuto la meritata ricompensa!

Lasciò cadere il pane dallo spavento, poiché capì che si trovava nella casa del mago cattivo.

Di nuovo il cavallo batté con gli zoccoli sul pavimento.

Allora il giovane afferrò un paio di mele, che aveva raccolto da un albero durante il cammino, e le diede al cavallo. Poi, lentamente, prese gli strumenti da fabbro e iniziò a staccare i quattro ferri rossi dagli zoccoli dell'animale.

Sebbene conoscesse il lavoro a memoria, dovette fermarsi più volte poiché i morsi della fame gli pizzicavano lo stomaco.

Non appena ebbe staccato il primo ferro, questo si trasformò in ruggine e si sbriciolò a terra come fosse sabbia fina.

Il secondo ferro fece lo stesso. Il terzo e il quarto, invece, mantennero la loro forma, così il giovane li nascose in tasca.

Ora però voleva fuggire da quel luogo spaventoso!

Ma, nello sgattaiolare fuori dalla porta, udì il beccare di una cicogna in alto sopra alla sua testa e, alzando lo sguardo, scorse centinaia di cicogne legate con catene a una barra del cornicione, e tenute così prigioniere, che lo guardavano tristi.

Si arrampicò sul tetto e, con i suoi strumenti da fabbro, spezzò le catene per gli animali. Questi, uno dopo l'altro, si sgranchirono le ali e si alzarono in volo.

Ora però voleva fuggire definitivamente da quel luogo spaventoso!

Ma la scaletta per mezzo della quale era salito sul tetto era scivolata via, dunque non poté più scendere, dato che la stalla era troppo alta per saltare giù.

Non sapeva proprio come fare!

Se il mago, al suo risveglio, lo avesse scoperto sul tetto, sarebbe stata la fine! Non voleva arrendersi, ma doveva riconoscere che la sua situazione era senza via d'uscita. Non avrebbe mai più rivisto suo padre e lo aveva lasciato nella vergogna! Allora le lacrime gli rigarono il volto e non vollero più smettere di scendere finché tutto il tetto non fu bagnato come da una pioggia.

Singhiozzava così pesantemente che non si accorse nemmeno che centinaia di becchi lo stavano tirando per la giacca.

Quando si rese conto di essere circondato da cicogne, notò che ognuna di loro aveva preso un lato della sua giacca tra il becco e, piano, con colpi di ala piatti, lo sollevava in aria.

Dopo averlo sollevato, lo condussero, nella notte blu, fin sopra al dirupo. Continuarono a volare attraverso l'aria silenziosa, nel buio, e ancora oltre.

Il giovane pensò di sognare, tanto galleggiava con calma, circondato dal dolce suono di numerose ali e gli sembrava quasi di poter volare lui stesso come un uccello.

Le cicogne battevano le ali con forza e, per alleggerire il loro lavoro, il giovane frugò nella borsa, lasciando cadere giù nel vuoto il terzo ferro di cavallo, che era pesante come piombo. Si allungò poi per prendere anche l'ultimo ferro ma, quando lo vide, fu accecato dallo splendore dell'oro puro.

Allora rise di gioia, con tutto il suo cuore. Ora avrebbe potuto restituire al padre più del denaro che doveva alla locandiera!

Quando il sole lentamente iniziò a sorgere all'orizzonte, il giovane scorse in lontananza la città natale e il fidato castello reale sulla collina, con i tanto famosi nastri sui merletti.

Davanti alla casa del fabbro, le cicogne lo posarono sull'erba e volarono via.

Lui si rialzò e le salutò.

Il fabbro, che si era preoccupato molto per il figlio, uscì di casa correndo e lo strinse in un abbraccio pieno di felicità.

Il padre sgranò gli occhi quando scoprì come era stato coraggioso suo figlio nel sottrarre i ferri di cavallo al mago cattivo.

Da quel giorno in poi non festeggiarono con un banchetto per tenerlo lontano durante i temporali. E il giovane pianse quando era triste e rise quando era felice e si adirò, quando sentiva rabbia.

Con l'oro del quarto ferro di cavallo non soltanto riuscirono a saldare il conto della locandiera, ma ebbero di che vivere comodamente per molti giorni ancora.

Quell'estate giunsero molte cicogne in città, sui tetti e suoi comignoli del villaggio. Su ogni camino si poteva scorgere un nido e ovunque si udiva con chiarezza il battere dei loro becchi.

La gente, che aveva assistito con i propri occhi al ritorno del figlio del fabbro, ora raccontava di propria iniziativa che egli era stato portato dalle cicogne.

Tutti lo raccontavano a chiunque volesse sentirlo, e anche a coloro che non volevano sentirlo, ripetutamente.

Il messaggero del re

C'era una volta un giovane ragazzo figlio di un mastro cuoco, il quale era cresciuto alla corte del re. Tante volte il padre aveva cercato di trasmettere al figlio l'arte della cucina, ma invano, poiché il giovane la rifiutava e, non appena ne aveva l'occasione, scappava fuori nelle praterie davanti al castello.

Essendo molto agile, si divertiva a sfidare gli altri bambini in gare di corsa. Nessuno riusciva a batterlo in velocità, tranne la figlia dello stalliere. Ogni volta che entrambi prendevano parte a una gara finivano per tagliare il traguardo testa a testa, e ciò lo infastidiva molto.

Un giorno il re e la regina annunciarono di voler assumere un messaggero che lavorasse soltanto per loro. Questi doveva essere veloce e fedele. La coppia aveva sentito tanto parlare dei due abili corridori e, non riuscendo a scegliere tra il ragazzo e la ragazza, senza indugiare oltre, decise di assumerli entrambi.

Da quel giorno in poi, in quanto messaggeri, ai due ragazzi furono messi a disposizione i cavalli del re, che alloggiavano nelle stalle reali distribuite per tutta la regione. Cambiando cavallo a ogni tappa, il messaggero del re poteva contare sempre su un'animale riposato e dunque nulla lo avrebbe ostacolato nei suoi viaggi.

Il giovane, molto orgoglioso della nuova mansione, fin da subito volle dimostrare a tutti di essere il messaggero più abile. Accettava ogni compito che gli veniva affidato, senza mai concedersi un attimo di tregua.

Ma il re e la regina continuarono ad affidare le loro necessità più urgenti e importanti a entrambi, in alternanza. Con la pioggia o con il sole, i due galoppavano da una parte all'altra del reame, e tutti nella regione li osservavano passare, ammirando la loro elegante uniforme.

Un giorno il re e la regina convocarono entrambi nella sala del trono per affidare loro un incarico particolarmente importante.

„E' giunto tempo di iniziare i preparativi per il matrimonio del principe," dissero. „La faccenda è della più grande riservatezza e nessuno per ora deve saperlo. Cavalcate dunque in tutti i regni e raccogliete un ritratto di ogni ragazza che si distingua per un tratto particolare. Per nostro figlio non vogliamo una sposa tradizionale. Partite dunque, veloci, e impegnatevi al massimo!"

I giovani messaggeri si congedarono con un profondo inchino e si affrettarono subito verso i loro cavalli. Nessuno prima di allora aveva mai assegnato loro un compito tanto nobile!

Senza consultarsi l'un l'altra, i due presero strade opposte.

Il giovane era in viaggio da poche ore soltanto, quando scorse una figura sulla strada in lontananza. Quando si avvicinò, riconobbe nella figura un piccolo bambino seduto in silenzio.

Fermò il cavallo e si allungò a guardare il piccolo, che a sua volta lo osservò con gli occhi sgranati. Si allungò allora sulla sella, guardandosi intorno per cercare un adulto, ma non vide nessuno.

La faccenda lo sorprese alquanto, ma andava di fretta per potersene occupare.

Sfilò dunque una mela dal suo paniere e la lanciò al bambino.

„Va a casa da tua madre!", gli disse. „Ti ammalerai restando qui tutto solo."

E, detto ciò, partì al galoppo, poiché doveva ancora attraversare molti regni e non poteva farsi rallentare proprio allora.

Trascorsero diverse settimane e poi mesi, viaggiò di regione in regione e in ognuna di queste prese il ritratto di ogni ragazza che si distingueva per qualche peculiarità.

Si trattava di un compito assai difficile, poiché il re e la regina non avevano specificato di quale peculiarità si dovesse trattare. E di queste ve ne erano tante al mondo: eccezionale saggezza, lampante bellezza, sciagurate deformazioni, straordinari talenti o destini infelici. La lista delle sue scoperte si faceva sempre più lunga, finché egli non seppe più in quale direzione cercare. Allora cavalcava veloce verso la regione successiva, per raccogliere ancora più ritratti. E più ne collezionava più si scoraggiava, perché questo avrebbe ritardato il suo ritorno al castello.

Ben presto dovette liberarsi di qualche ritratto per poterne raccogliere di nuovi. Ogni volta si sedeva davanti alla sua collezione e si disperava nel decidere quale di quelli dovesse essere escluso. Ma più ritratti collezionava, più lontano viaggiava, più veloce cavalcava, meno gli sembrava di essere riuscito a svolgere a pieno il suo compito.

Passarono tre autunni e le foglie caddero dagli alberi. Poi passarono tre inverni, e le strade si ghiacciarono e si coprirono di neve. Passarono tre primavere, e i primi fiori si schiusero ai lati delle strade. Al principio della terza estate, il giovane si decise a fare ritorno al castello, le bisacce colme di ritratti e il cuore pieno di confusione.

Ma non poté credere ai suoi occhi quando, nel fare ritorno, vide che il bambino si trovava ancora nella stessa posizione, ai margini della foresta.

Fermò il cavallo, come aveva fatto la prima volta. Ma questa volta il bambino non lo guardò con gli occhi sgranati.

„Come mai sei ancora qui seduto?", gli domandò il giovane messaggero.

Il bambino non rispose.

Allora il giovane rovistò nella bisaccia e sfilò un piccolo dolciume che aveva portato con sé da una terra lontana. Ne spezzò un angolo e lo allungò al bambino.

„Va a casa da tuo padre!", gli disse. „Non puoi restare qui seduto. E' pericoloso."

E, detto ciò, partì al galoppo, poiché doveva portare il suo carico il prima possibile al re e alla regina. Loro attendevano già da troppo il suo ritorno, e non poteva farsi rallentare proprio allora.

Ma quando giunse alla corte del castello, vide che il cavallo della messaggera, risposato, si trovava già nella stalla. Allora si affrettò verso la sala del trono per consegnare il suo cesto di ritratti, ma trovò il re e la regina già in contemplazione di una fila di piccoli ritratti posati ai loro piedi.

Il re e la regina gli offrirono un tallero d'oro con il simbolo della corona come ricompensa per il suo lavoro, ma questo non fu per lui di alcuna soddisfazione, poiché dentro di sé si disperava del fatto che la messaggera fosse arrivata prima di lui.

Borbottando, si avviò verso il suo cavallo, saltò sulla sella e partì al galoppo verso il portone di uscita con una tale foga che tutte le galline, oche, gatti e cani del castello presero a chiocciare, abbaiare e miagolare agitati. Fu un vero e proprio spettacolo. Tutta la servitù si affacciò alle porte e alle finestre per vedere quale fosse la causa di quel baccano, scuotendo il capo con indignazione.

Il messaggero galoppò per i campi e per le praterie, e soltanto raggiunto il margine della foresta si guardò indietro per la prima volta.

Ma non riconobbe più nulla.

Intorno a lui non vi era anima viva.

Anche la campagna pareva a lui estranea.

Fece un pezzo di strada a ritroso con il suo cavallo ma, più cavalcava, più i dintorni si facevano a lui sconosciuti. Allora trottò nella direzione opposta, ma neppure là trovo sguardi amici!

Si guardò introno a destra e a sinistra, avanti e indietro, ma nulla gli pareva conosciuto.

Come era potuto succedere questo?!

Era un messaggero con esperienza eppure si era perso! In fretta, condusse il cavallo verso la direzione dalla quale era venuto.

Ma questo non aiutò.

Pur lasciando che il cavallo procedesse lentamente per recuperare le forze, continuò a vedere intorno a sé luoghi sconosciuti.

E proprio in quel momento gli apparve nuovamente il piccolo bambino a un lato della strada. In quel luogo deserto e sconosciuto, il bambino gli sembrò l'unica cosa certa, e per questo scese dal cavallo e gli si avvicinò.

Il piccolo lo prese per mano e gli indicò i cespugli.

Il giovane lo lasciò fare, pensando che il bambino doveva pur avere una casa nelle vicinanze, e che forse i suoi genitori avrebbero potuto indicargli la strada di ritorno.

Ma il piccolo si fermò nei pressi di una radura, indicando al messaggero una piccola casetta rovinata, dalle pareti storte e dalle finestre rotte.

„Potete riparala per me?", domandò al messaggero, pieno di aspettative.

„Allora sai parlare! Perché non mi hai mai risposto prima?!", domandò il giovane.

„Io vi ho sempre parlato, ma voi non siete stato capace di sentirmi", rispose il bambino. „Riparerete la mia casa?"

Il messaggero si avvicinò alla struttura fatiscente. Con un po' di lavoro si sarebbe potuto farne una casa sicura, pensò fra sé e sé.

„Là vi è del legno", disse il bambino, indicando una pila di tronchi accatastati in cortile.

„E qui vi è una sega", aggiunse indicando l'attrezzo vicino alla pila.

„E qui vi è una pialla", disse infine allungando al giovane lo strumento.

Il messaggero prese la pialla e, dopo aver riflettuto un momento su quella richiesta inaspettata, subito si mise al lavoro. Pensò che avrebbe potuto aiutare un po' il bambino. Forse più tardi la nuova messaggera sarebbe passata di lì, e allora lui avrebbe potuto seguirla a casa, senza dare a vedere che aveva perso la strada.

Di lì a poco aveva già segato diverse assi, e dovette appendere l'uniforme a un albero, poiché gli era venuto caldo. Il bambino saltellava felice intorno a lui e gli mostrava nel dettaglio dove ogni asse dovesse essere collocata.

Lui fissò prima una, poi due, poi tre assi, finché tutto il lato di una casa non apparve come nuovo.

Poi, siccome gli venne fame, sfilò la bisaccia e divise il pranzo con il bambino. Sedettero su un tronco, consumando in silenzio ciò che lui aveva con sé.

E il giovane pensò: Mai prima di allora le sue provviste avevano avuto un sapore tanto buono!

Quando ebbero finito, il bambino si allungò sull'erba sotto al sole.

„Riposiamoci un po'", disse allungandogli la mano, affinché anche lui si stendesse al suo fianco.

E il giovane pensò: Mai prima di allora aveva percepito i raggi del sole con tanta pienezza!

Dopo che si furono riposati, si mise nuovamente al lavoro e, quando si fece buio, la piccola casa era ormai completata. Il bambino la osservò con gli occhi luccicanti e disse:

„E' diventata molto bella! Non avevo mai visto una casa così bella! Per ringraziarvi, vi donerò questa rosa!"

Il messaggero prese la rosa dal tenero bocciolo e, maldestramente, si punse il dito con le sue spine.

Il bambino rise.

„Dovete regalare questa rosa alla persona giusta, poiché fiorisce soltanto per tre giorni, e quando la rosa morirà, la mia casa cadrà a pezzi di nuovo. Prenderete questo impegno?"

„Come faccio a sapere chi è la persona giusta?", domandò il messaggero.

„Questo non posso dirvelo, dovete capirlo da solo", rispose il bambino. „Prenderete questo impegno?"

Il bambino lo guardò così a lungo, che alla fine il giovane annuì dicendo:

"Va bene, te lo prometto!"

Allora il piccolo si avviò in casa dicendo:

"Ora voglio dormire un po' nella mia casa nuova. Voi siete troppo grande, non vi entrereste, ma potete fare del muschio qui fuori il vostro giaciglio. Vi auguro una buona notte!"

Il giovane si accovacciò con le sue coperte sul muschio e vi trascorse la notte.

Il mattino seguente i raggi del sole gli pizzicarono il naso. Si stiracchiò sbadigliando, e pensò: Mai prima di allora aveva dormito così bene come quella notte!

Si tirò su in piedi e arrotolò la coperta.

Era ancora abbastanza presto.

Bussò piano alla porta della casa, per svegliare il bambino, ma non udì risposta.

Bussò piano una seconda volta, ma ancora niente.

Quando busso per la terza volta, la casa scomparve del tutto davanti ai suoi occhi.

Incredulo, egli toccò il luogo dove fino a poco prima vi era stato il legno di una parete, ma la sua mano si perse nel vuoto. Si stropicciò gli occhi, li chiuse e riaprì, ma la piccola casa e il bambino erano davvero spariti.

Rimaneva soltanto una rosa spinosa. La arrotolò con attenzione in una pezza bagnata e ne infilò il gambo in una borsa di pelle, in modo che il bocciolo ne restasse fuori.

Appena montò sul cavallo riuscì a scorgere i merletti del castello reale in lontananza.

Si meravigliò molto, domandandosi perché non fosse riuscito a scorgerli il giorno prima.

Poiché era molto pensieroso, lasciò che il cavallo si dirigesse da solo, lentamente, in direzione del sole.

Quando attraversò il portone del castello, la messaggera gli venne incontro sul cavallo.

„Che rosa meravigliosa!", gridò fermandosi a guardarla con ammirazione.

Lui la osservò e notò che il bocciolo si era dischiuso e la rosa era in piena fioritura. Un profumo meraviglioso ne fuoriusciva e riempiva il suo naso.

Ma passò davanti alla ragazza senza fermarsi e disse soltanto: „Devo procurarmi immediatamente un vaso d'acqua per la rosa!"

Così immerse la rosa in una sacca d'acqua, che legò alla sua cintura.

Il giorno seguente incontrò di nuovo la messaggera nella cortile.

Nuovamente lei gridò con ammirazione: "Che profumo meraviglioso!"

E di nuovo lui rispose:

„Devo procurarmi dell'acqua fresca per la rosa!" e le passò davanti senza fermarsi.

Alla sera di quello stesso giorno il fiore perse un petalo.

Il terzo giorno la messaggera gli portò una brocca d'acqua fresca dicendo:

„Questa è per la tua rosa, così che possa fiorire ancora a lungo!"

Ma lui, ancora una volta, le passò davanti dicendo: "Ho appena cambiato l'acqua."

Alla sera del terzo giorno, la rosa iniziò a perdere tutti i petali e il giovane finalmente ricordò le parole del bambino.

Allora corse veloce dal re e dalla regina per offrire loro la rosa.

Disse: „Da tre giorni la porto legata alla mia cinta! Ma non è ancora appassita."

Ma la regina rispose: „Perché ci portate in dono un fiore dai petali avvizziti?"

Ed effettivamente i petali restanti iniziavano ad appassire.

Allora il giovane realizzò che avrebbe potuto salvare la rosa soltanto donandola alla messaggera, poiché era l'unica che aveva saputo riconoscerne la bellezza e odorarne il profumo.

„E' partita per consegnare un messaggio in una città lontana a oriente", disse la regina. „Se le andrete dietro, sarete in grado di raggiungerla in giornata."

Allora il giovane partì subito, cavalcando più velocemente di quanto avesse mai fatto in tutta la sua vita, con la rosa protetta in una tasca del panciotto.

Ad ogni galoppata questa lo pungeva con forza sul petto e, sorda ai suoi lamenti, conficcava le spine con forza nella sua carne.

Il sole stava già tramontando dietro agli alberi, quando finalmente egli riconobbe una sagoma a cavallo che avanzava dal fondo alla strada. Quando furono vicini anche la messaggera lo riconobbe e lo salutò.

I loro cavalli si incrociarono e lui allungò la mano per porgerle la rosa.

Ma appena la ragazza toccò il fiore, il bocciolo si schiuse, e dal gambo crebbero radici forti che catturarono la mano di lui intorno a quella di lei, e fu impossibile dividerle nuovamente.

Allora entrambi capirono di essere fatti l'uno per l'altra, e decisero di portare la felice notizia alla corte reale.

Si scambiarono i cavalli, così che nessuno dei due fosse più veloce dell'altro e si promisero che lo avrebbero fatto da quel momento in poi e per sempre.

Fianco a fianco, cavalcarono fino al castello e annunciarono le loro nozze.

Da quel giorno in poi si divisero le cavalcate.

Una volta partiva lui e una volta partiva lei, e a volte partivano insieme.

Ma mai più uno dei due cavalcò più veloce dell'altro.

Piantarono la rosa nel loro giardino e da questa crebbe un meraviglioso cespuglio, che ricoprì quasi l'intero muro della casa di fiori profumati.

Le tre perle

Tanto tempo fa, prima che la gente scoprisse nel miele delle api una dolce pietanza, esisteva un vecchio albero di mele nel mezzo di un grande reame.

L'albero contava talmente tanti anni che i suoi rami spiccavano alti nel cielo, e il suo tronco era così possente che ben tre uomini dovevano prendersi per mano per riuscire a circondarlo.

Un giorno un contadino acquistò il terreno sopra al quale si ergeva l'albero e, siccome esso non dava quasi più frutti, decise di abbatterlo per seminare il campo di grano.

Ma il contadino ignorava che il tronco dell'albero era cavo e che lo spazio al suo interno era diventato da tempo il riparo sicuro di un'ape regina, la quale vi aveva costruito insieme al suo popolo un grande regno.

Da lì, quotidianamente, le api svolazzavano fuori per raccogliere il polline da tutti gli alberi di mele del regno degli uomini. Con questo producevano il miele.

Perciò, quando il contadino con pochi colpi d'ascia abbatté l'albero, l'intero alveare fu' scosso e distrutto in tanti piccoli pezzi.

Disturbate, le api si precipitarono fuori per vedere quale fosse la causa di un tale terremoto e, quando scoprirono il contadino, si unirono all'attacco contro di lui per pungerlo e, in questo modo, allontanarlo dalla loro casa.

Il contadino, spaventato a morte, lasciò cadere la sua ascia e scappò gridando e, massaggiandosi con le mani il fondoschiena, dove molte api lo avevano punto, gridava:

„Ahi! Ahi! Ahi!"

Riuscì a fuggire in un ruscello vicino, si immerse completamente nell'acqua e tirò fuori la testa soltanto quando fu sicuro che tutte le api fossero volate via.

L'ape regina osservò il suo regno distrutto e divenne furiosa. Parlò al suo popolo:

„Ora non abbiamo più un posto dove andare. Perciò ogni ape dovrà trovarsi da sola un riparo temporaneo, finché non avremo costruito una nuova casa. Fate attenzione agli umani! Sono malvagi. Non si accorgono del nostro lavoro e non sono capaci di apprezzare la nostra importanza. Perciò, d'ora in avanti dovrete pungerli. E non raccogliete più polline finché non avremo costruito un nuovo regno!"

Così avvenne che in quell'estate tutte le persone vennero punte dalle api, non appena incrociavano la loro strada.

I bambini avevano paura di giocare all'aperto e i contadini riuscivano a malapena a coltivare i loro campi, poiché venivano subito presi di mira dagli insetti.

Persino in città non si potevano più lasciare le finestre aperte senza essere flagellati dalle api, e la vita quotidiana era diventata faticosa.

Ma il peggio doveva ancora venire.

Quando arrivò l'autunno e cominciò il periodo della raccolta, non vi era più nessuna mela da cogliere in tutto il reame. Gli uomini osservavano desolati gli alberi senza frutto, grattandosi la testa meravigliati.

Provarono a indovinare quale potesse essere la causa del problema?

Alcuni ipotizzarono che fosse l'opera di una strega cattiva, mentre altri credettero che dei ladri provenienti da un territorio lontano avessero condotto lì le api killer, per rubare tutte le mele della regione. Altri iniziarono a spaventarsi, credendo che spiriti malvagi avessero portato questa sfortuna su di loro.

Nessuno sapeva che cosa fare.

Il re mandò i suoi migliori uomini affinché risolvessero l'enigma, ma al giungere dell'inverno il popolo non ebbe alcun frutto da mangiare per combattere il freddo.

Il contadino che aveva fatto abbattere l'albero di mele era a letto e guariva a fatica, poiché le api avevano punto lui più di ogni altra persona. Non appena egli osava mettere il naso fuori casa, grossi sciami di insetti gli si avventavano contro.

Completamente punto, aveva un viso così gonfio che persino sua moglie stentava a riconoscerlo.

Per questo, alla fine egli dovette mandare fuori il figlio più piccolo per sradicare il terreno e preparare così il campo per la semina.

Appena il figlio del contadino si mise all'opera, vide un'ape solitaria sulla parte interna di una corteccia.

Era un'ape anziana, che era rimasta indietro perché non aveva più la forza di volare.

Delicatamente, lui la prese nelle sue mani e la posò in una zona protetta al margine del campo.

Con grande meraviglia udì l'ape rivolgersi a lui:

„Non abbiate timore! Io sono vecchia e non posso più pungere, e tutte le mie compagne sono andate avanti. La nostra regina è molto arrabbiata perché voi avete distrutto la nostra casa. Non vi sarà più alcuna frutta da mangiare finché voi uomini non avrete fatto pace con il nostro popolo!"

„Dunque è questa la ragione della nostra miseria!", gridò il giovane.

Poi alzò le spalle.

„Ma cosa posso fare io per cambiare le cose!? Sono soltanto il figlio di un contadino."

"Trova la conchiglia con le tre perle e portala al Conte Consape di Valezza. Lui sarà l'unico in grado di leggere il messaggio delle perle, che ti consiglieranno una via d'uscita!"

„Dove si trova questo conte? Non ho mai sentito di lui prima d'ora! E dove posso trovare questa conchiglia?", domandò il giovane.

„Posso dirvi soltanto questo: in pochi hanno incontrato il conte! E' il più nobile spirito del castello reale. Non posso dirvi dove trovare la conchiglia, ma vi prego di non indugiare. Il tempo stringe!"

Detto ciò, la vecchia ape strisciò contro un pezzo di legno che si trovava nel fossato e si addormentò.

Il figlio del contadino si mise subito in cammino.

Conosceva un pescatore che viveva sul mare, a un giorno di cammino da lì. Lui sapeva molto sui pesci e sulle conchiglie e sul mare, e di certo avrebbe potuto aiutarlo.

„Potete lavorare per me in mare, e imparerete a catturare i pesci e i molluschi ogni giorno. Forse così troverete ciò che state cercando?", disse il pescatore.

Dunque, da quel giorno, il giovane affiancò il pescatore di prima mattina e più tardi lo aiutò nella vendita del pescato al porto. Ogni volta che gli capitava per le mani una vongola, la controllava bene per accertarsi che non vi fossero dentro le tre perle.

Passarono giorni e settimane senza che vedesse neanche una perla.

Ma il figlio del contadino era determinato e non si lasciò scoraggiare.

Un giorno giunse al porto un vecchio uomo vestito di stracci. Domandò dei resti di pesce per cucinare per se e la sua famiglia una semplice zuppa, ma il pescatore lo allontanò dicendo:

„Io vendo soltanto buon pesce! Non abbiamo alcun resto!"

Allora il figlio del contadino, che era un giovane di buon cuore, regalò all'uomo il pesce che si era tenuto da parte per cena.

"Non ho soldi per pagarvi", rispose il povero uomo. "Ma vi regalerò questa conchiglia. Si apre soltanto a colui che possiede un cuore puro."

E quando l'uomo allungò al giovane la conchiglia, e lui la prese in mano, questa lentamente si schiuse.

"La conchiglia con le tre perle!", gridò sorpreso il figlio del contadino e volle ringraziare l'uomo ma, quando si girò per guardarlo, egli era già sparito.

Impacchettò con cautela la conchiglia nella sua borsa, si congedò dall'amico pescatore e si avviò subito verso il castello reale per cercare il Conte Consape di Valezza.

Dopo tre giorni di cammino raggiunse infine il castello, e subito domandò al custode se ci fosse un lavoro per lui.

In questo modo avrebbe potuto muoversi liberamente per il castello e cercare il Conte.

Ma il custode scosse il capo.

Tutte le posizioni al castello erano al momento già occupate.

„Potete cercare in città domani. Forse troverete lì un lavoro? Questa notte nel frattempo vi sarà concesso di dormire nella stalla dei cavalli."

Il figlio del contadino lo ringraziò e si preparò un giaciglio sul fieno della stalla.

Pensò di presentarsi al re e alla regina, l'indomani, per chiedere direttamente del Conte.

Era così stanco per il viaggio che si addormentò quasi subito e cadde in un sonno profondo.

„Ho sentito che siete giunto per cercarmi?", udì parlare una voce.

Un piccolo uomo stava in piedi di fronte a lui, si spazzò un po' di fieno dal vestito elegante e alzò la testa con fare signorile. Era molto pallido, quasi trasparente, ma con un viso gentile.

"Cerco il Conte Consape di Valezza!", rispose il figlio del contadino.

"Lo avete davanti. Proprio io sono lo spirito che state cercando", rispose il piccolo uomo. "La vecchia ape mi ha avvisata che sareste venuto. Avete trovato la conchiglia?"

Il figlio del contadino tese la conchiglia aperta con le tre perle verso il fantasma.

Questi la prese e osservò le perle da diverse angolazioni.

"E' proprio lei", mormorò, più a se stesso che al giovane ragazzo. "E' passato molto tempo dall'ultima volta che l'ho vista."

Prese la prima perla e la sfregò tra le dita.

Sabbia fina cadde dalle sue dita sul pavimento, dove si andrò a creare un piccolo mucchietto, che poi sorprendentemente si trasformò in un pezzo di legno spesso e finemente piallato.

Il Conte osservò il pezzo di legno ai suoi piedi e annuì soddisfatto.

Poi prese la seconda perla e la sfregò tra le dita.

Questa volta la sabbia formò una pergamena sulla quale era scritto in grossi caratteri:

Appello del re!

Di nuovo il Conte annuì soddisfatto.

Quindi sfregò la terza perla.

La sabbia questa volta si tramutò in aria non appena ebbe toccato il pavimento.

L'ultimo granello di sabbia era quasi sparito, che il piccolo uomo svanì.

Il mattino successivo il gallo cantò molto prima che il sole spuntasse. Il figlio del contadino si sfregò gli occhi.

Che sogno strano era stato, pensò tra sé e sé.

Ma quando fece per prendere la conchiglia, questa era sparita. Al suo posto trovò un piccolo pezzo di legno e una pergamena.

Pensieroso, osservò i due oggetti nelle sue mani.

Non riusciva a capire.

Al posto della conchiglia con le tre perle vi erano ora un pezzo di legno piallato e una pergamena di fianco al suo giaciglio sul pavimento.

Dov'erano le tre perle?

E cosa poteva significare il pezzo di legno?

Poi scoprì che sulla pergamena vi era una scritta che diceva: "Appello del re ..."

"Che cosa fate voi qui?", domandò di colpo una voce dietro di lui.

Spaventato, il giovane alzò lo sguardo incontrando gli occhi della principessa.

Era venuta alla stalla molto presto perché voleva cavalcare un po' prima della colazione. Quando aveva visto il figlio del contadino raccogliere qualcosa dal pavimento e leggerlo, si era incuriosita e perciò si era avvicinata.

„Ma...Ma...Maestà!", balbettò lui imbarazzato.

Non aveva mai visto la principessa prima di allora, ma ne aveva soltanto sentito parlare. Ai suoi occhi appariva come la ragazza più bella che avesse mai visto.

„Che cosa sono questi oggetti che tenete fra le mani?", domandò la principessa.

„E' la soluzione al problema della mancanza di frutta in tutta la regione!", spiegò lui. „Ma io stesso non la comprendo."

E raccontò alla principessa che cosa gli aveva detto l'ape e come si era messo alla ricerca della conchiglia con le tre perle.

Lei si sedette al suo fianco sul fieno e lo ascoltò con grande attenzione.

„Ma la soluzione è evidente", disse alla fine della storia. „Noi uomini abbiamo rubato la sicurezza al popolo delle api, la lor casa! Beh ecco, uno di noi. Ma le api non sono in grado di comprenderlo. Per questo ora avranno sempre timore che gli umani distruggano di nuovo le loro case."

"Avete ragione!", rispose lui meravigliato.

"E noi non riconosciamo l'importanza del loro lavoro, perché abbiamo creduto che questo non ci sia di aiuto. Ma ora sappiamo che così non è! Per questo ci pungono!", continuò la principessa.

„Voi siete davvero intelligente!, disse il figlio del contadino, ammirato.

„E voi siete coraggioso!", rispose la principessa. „Io non mi sarei spinta a viaggiare da sola fino al mare in cerca della conchiglia!"

"So che cosa possiamo fare!", gridò il figlio del contadino saltando in piedi.

„Con questo legno costruirà una nuova casa al popolo delle api! Una casa ancora più grande e bella di quella che avevano prima!"

"Questa è una buona idea!", concordò la principessa, afferrando la pergamena. "E questo è forse un compito per me!? Vedete, c'è scritto: Appello del re."

Mostrò la pergamena al figlio del contadino, srotolandola davanti ai suoi occhi.

"Parlerò con i miei genitori. Loro possono ordinare che il nuovo alveare non venga distrutto. E informeranno tutto il regno del fatto che il lavoro delle api ci assicura i frutti. Allora le persone capiranno e inizieranno a proteggere le api."

La principessa si alzò e voleva correre subito sai suoi genitori, ma il figlio del contadino la trattenne per un braccio.

„Ma che cosa ne è stato della terza perla?"

La principessa rifletté un poco.

Poi disse:

„Non lo so. Ma non stiamo a preoccuparci di questo, se possiamo fare tante buone azioni! Quando avremmo finito i nostri compiti, chiederemo un chiarimento al Conte Consape di Valezza."

Il ragazzo si meravigliò che la principessa conoscesse il Conte, ma poi pensò tra sé e sé che, in quanto abitante del castello e figlia del re, fosse normale che conoscesse tutta la nobile signoria.

Al figlio del contadino fu concesso di lavorare nel laboratorio reale.

Dopo soli tre giorni il nuovo alveare fu pronto e l'annuncio sull'importanza del loro lavoro fu diffuso in tutto il regno.

Insieme alla principessa, il giovane portò l'alveare ai margini della foresta e lì lo collocò.

Pochi giorni dopo tornò sul posto per controllare se le api si fossero già trasferite, e fu felice nel vedere che così era stato. Ora tutto sarebbe andato per il meglio!

Proprio mentre stava per andarsene, con il cuore felice, una voce a lui conosciuta gli parlò.

"La regina vi ringrazia."

La vecchia ape si era arrampicata a fatica sul suo piede sinistro, facendo attenzione che lui non la ferisse inavvertitamente.

"Ci avete ridato la nostra dignità", disse la vecchia ape.

"Che cosa intendete con questo?", volle domandare il figlio del contadino, meravigliato.

"Ora ve lo spiegherò", continuò la vecchia ape. "Voi ci avete costruito una nuova casa. Con questo ci avete ridato sicurezza. Vi siete preoccupato che tutti nel regno sapessero quanto è importante il nostro lavoro e per questo ci fossero riconoscenti. Di conseguenza, ciò ci avete restituito la nostra stima di noi stessi."

Il giovane contadino fece uno sguardò pensieroso. Doveva ancora riflettere sulle parole della vecchia ape.

"In quanto esseri viventi abbiamo bisogno di queste tre cose per prosperare. Non lo sapevate?"

"Le tre perle!", gridò lui e schioccò le dita, perché d'un tratto aveva capito il collegamento.

"Esatto. E per questo riceverete ogni anno da noi un piccolo fusto di miele."

"Miele?", domandò il figlio del contadino di nuovo confuso.

Si sentiva stupido e ignorante.

Questo piccolo insetto volante parlava continuamente di cose a lui sconosciute.

„Infilate un dito e assaggiate", lo incoraggiò la vecchia ape, indicando al giovane un favo ricolmò di un liquido dorato che lui non aveva mai visto prima.

E come era buono!

„Tornate ogni anno in questo periodo e ve ne riempiremo un piccolo fusto!"

Il figlio del contadino fu molto felice. Ora finalmente poteva ritornare a casa.

Al ritorno trovò il padre in collera con lui poiché non aveva coltivato il campo come gli era stato ordinato di fare.

Ma quando egli ebbe assaggiato il miele e ascoltato l'intera storia, cambiò idea e si rallegrò del ritorno del suo figlio più giovane.

Quell'anno gli alberi dell'intera regione diedero mele più dolci che mai.

E il figlio del contadino ottenne un piccolo fusto di miele dorato. In breve tempo si seppe che presso di lui, per un paio di talleri, si poteva acquistare il miele più dolce.

Quando i cuccioli dell'ape regina divennero grandi e vollero organizzare il proprio popolo, il figlio del contadino costruì anche per loro un castello delle api.

Come ricompensa ricevette più miele di quanto la sua famiglia potesse mangiarne e, con il commercio del dolce dorato ebbe una buona rendita.

E ogni anno mandava alla principessa una tazza di miele.

Da quel giorno in poi, il figlio del contadino e la principessa divennero da quel giorno in poi amici inseparabili, e tutti trattarono le api con molto rispetto.

E quando ogni tanto succede che un'ape punge un umano, si tratta sicuramente di un malinteso.

L'oro degli orsi

Tanto tempo fa, in un regno con un maestoso castello che troneggiava su una collina nel mezzo della regione, fungendo da punto di riferimento per chi abitava molto lontano, viveva una principessa con i suoi tre fratelli. Siccome era la più grande dei figli del re, fu istruita fin da subito su tutto ciò che una principessa dovrebbe sapere. Lei, che era diligente e ubbidiente, presto acquisì le conoscenze necessarie.

Ma quando crebbe diventando una giovane ragazza, iniziò ad annoiarsi. Per lei ogni giorno era uguale agli altri, pieno di compiti sempre uguali che una principessa doveva svolgere: al mattino si doveva vestire e lasciarsi pettinare i lunghi capelli. Poi doveva ascoltare le lezioni ripetitive dell'istruttore di corte, che da un po' di tempo non aveva più nulla di nuovo da insegnare. Nel pomeriggio, insieme alle dame di corte, ricamava fini fazzolettini, dei quali possedeva già un'ampia collezione. Il cambio d'abiti e di acconciatura riempiva le sue serate, finché non si coricava. Questa era la routine giorno dopo giorno, settimana dopo settimana e mese dopo mese. Più trascorrevano le ore e più lei si stancava della sua giovane vita. Così, un giorno, decise di trovarsi un'occupazione.

Domandò alla dama di compagnia in che modo potesse rendersi utile. La dama le portò subito un grosso fazzoletto, che per anni l'avrebbe tenuta occupata nel ricamo, e disse: „Questa è una bella occupazione per una principessa! Nessuna altezza prima d'ora ha mai ricamato un fazzoletto tanto grande."

La principessa si mise al lavoro. Ogni giorno nel primo pomeriggio ricamava, al posto dei fazzolettini, il grande lenzuolo. Ma ben presto riprese ad annoiarsi, poiché in fondo il compito le pareva sempre il medesimo.

Così domandò al mastro cuoco se egli potesse darle un'occupazione che fosse nuova ed entusiasmante. Qualcosa che nessuna principessa avesse mai fatto prima. Ma il mastro cuoco scosse il capo.

„Che cosa farebbero le domestiche e i garzoni, se Vostra Grazia prendesse il loro lavoro? In quel caso dovrei congedarli e non riceverebbero più alcun guadagno. Questo non sarebbe giusto."

Allora lei andò dallo stalliere e gli fece la stessa domanda. Lo stalliere era un uomo intelligente e, per non suscitare la rabbia del re e della regina e di tutta la servitù, rispose:

„Qui nella stalla non vi è nulla da fare. I cavalli reali sono addestrati così bene che ogni ulteriore lavoro sarebbe superfluo. Ma una cavalcata quotidiana per andare a conoscere il regno e la gente mi sembra una giusta occupazione per una principessa."

„Questa è un'idea fantastica! Voglio proprio farlo", esultò la principessa entusiasta. E così avvenne che da quel momento in poi cavalcò ogni giorno alla ricerca di posti sempre nuovi. Con la pioggia o con il sole, la si vedeva galoppare attraverso foreste e villaggi, e salutare le persone non appena queste incrociavano la sua strada. La gente salutava di rimando, la acclamava e si inginocchiava al suo passaggio, e lei era felice di aver trovato un'occupazione dignitosa per una principessa.

Così cavalcava ogni giorno, soddisfatta di se stessa e del mondo, pensando di compiere un'opera importante. Ma ben presto anche questo le parve ripetitivo e di nuovo iniziò ad annoiarsi.

Proprio in quel periodo, un giorno, giunta nei pressi di un fiume, vide un giovane uomo in piedi su una roccia in mezzo alla corrente. Aveva in mano una canna da pesca, e al suo fianco un cesto di pesci. Era in pericolo perché sulla riva si stava avvicinando un grosso orso, attirato dal profumo del pesce, che avrebbe fatto del giovane senza dubbio la sua preda. Il giovane uomo brandiva un bastone e lo agitava con violenza gridando „ha" e „ho". Ma l'orso non era per nulla intimorito e, al contrario, si sollevò in tutta la sua altezza, con fare minaccioso, e prevaleva sul giovane con la sua possanza. Sarebbe bastato il colpo di una zampa per farlo fuori!

Ma lei poteva ancora aiutarlo!

La principessa era stata poco prima dall'apicoltore e aveva una piccola tazza di miele nella bisaccia. Cavalcò in fretta vicino alla riva del fiume, per collocare la tazza a una certa distanza. Subito il dolce profumo del miele attirò l'animale più dell'odore del pesce, così si lasciò cadere di nuovo sulle quattro zampe e dondolò verso quella dolce prelibatezza.

Mentre leccava con piacere il miele dorato, la principessa si affrettò verso il giovane uomo, lo prese sul proprio cavallo e scappò in sicurezza verso il ronzino di lui, che era legato a un albero a debita distanza. Riconobbe nel giovane uno dei due figli del governatore, un ragazzo bellissimo che aveva già avuto occasione di ammirare da lontano in alcune celebrazioni. E siccome lui era molto grato alla principessa per averlo salvato, le promise di incontrarla di nuovo al fiume.

Così i due iniziarono ad incontrarsi in quel luogo tutti i giorni, e dopo poco tempo si innamorarono e convolarono a nozze.

Il giovane marito si trasferì dalla principessa al castello, dove costruirono le loro stanze in una delle torri.

Da quel momento in poi cavalcarono ogni giorno al fiume insieme. Lui si posizionava sulla roccia per pescare e lei faceva da guardia alla riva, affinché non gli capitasse alcuna disgrazia. Alla sera cavalcavano indietro insieme con un cesto pieno di pesci che consegnavano al mastro cuoco del castello. La principessa non rammentava giorni più felici di quelli.

Ma dopo qualche tempo le persone al castello di stancarono di mangiare pesce. Ogni giorno il mastro cuoco serviva solo questo, perché il pesce marcisce presto e doveva per forza essere consumato. Quella pietanza divenne insopportabile anche per il re e la regina, così un giorno dissero alla figlia: "Il pesce è troppo! Fate una pausa."

Allora il giovane sposo decise di andare a caccia nella foresta, e la moglie lo accompagnava per proteggerlo, poiché in quella foresta regnava un drago cattivo e occorreva stare sempre sull'attenti per stargli alla larga. Questa agli occhi di lei pareva una giusta occupazione! Così ogni mattino, ancora prima che facesse giorno, cavalcavano nella foresta per andare a caccia di marmotte. La principessa non rammentava giorni più felici di quelli.

Ma ben presto furono avvicinati dal capo cacciatore che disse loro: „Maestà, la selvaggina sta diminuendo sempre più. La caccia deve essere sospesa almeno per un po', se vogliamo assicurare la sopravvivenza del patrimonio faunistico."

Così, da quel momento in poi, il giovane sposo iniziò a trascorrere le sue giornate come un principe. Veniva vestito e si lasciava curare la barba con attenzione. Poi ascoltava le storie dei giullari di corte, che però non erano per lui un degno sostituto ai suoi esercizi perduti. Nel pomeriggio si esercitava nel tiro con la balestra insieme agli altri giovani uomini del castello. Di sera il cambio d'abito e la cura della barba occupavano tutto tempo. Infine, si coricava a letto con la moglie.

Così trascorse giorno dopo giorno, settimana dopo settimana e mese dopo mese, e ad ogni giorno che passava la principessa era sempre più stanca del marito. Nulla di ciò che lui faceva portava un pericolo dal quale lei potesse proteggerlo. Iniziò ad annoiarsi come mai prima di allora e divenne sempre più infelice. Nessuno al castello poteva alleviare la sua infelicità, tanto meno il marito.

Così un giorno lui prese la sua canna da pesca, sellò il cavallo e partì cavalcando.

Allora la principessa pianse amaramente. Pianse giorno e notte e lo scorrere delle sue lacrime non si fermava. Nessuno al castello poteva consolarla. Ma sebbene lei si lamentasse tanto, il suo sposo non tornò indietro.

E allora una notte un fantasma le apparve in sogno, e le disse:

„Andate e trovate l'orso! Fate ciò che lui vi dice. L'orso conosce la giusta soluzione ai vostri problemi."

Il mattino seguente la principessa andò subito al fiume e posizionò la tazzina di miele sulla sponda. Poi sedette sulla pietra e attese. Non passò molto prima che l'orso sbucasse fuori.

La principessa aveva paura, perché questa volta non era seduta al sicuro sul suo cavallo bensì era circondata da una rapida corrente intorno a una piccola roccia, che l'orso avrebbe potuto raggiungere facilmente.

Raccolse tutto il suo coraggio e parlò all'animale: „Caro orso! Il mio sposo se n'è andato e vorrei che ritornasse. Potete aiutarmi?"

„Perché mai dovrei farlo?!", rispose l'orso tranquillamente. „Ho già abbastanza da fare e non posso di certo occuparmi di tutte le principessine di questo mondo."

„Vi darò volentieri qualcosa in cambio", disse lei. „Se mi aiuterete, vi farò portare qui ogni giorno una tazzina di miele, oppure del pesce."

L'orso rugliò riluttante, poi si girò e lentamente iniziò a ritirarsi.

Alla principessa non restò altro da fare che balzare in piedi e corrergli dietro. Lo seguì per tutta la lunghezza del fiume, sopra a colline e praterie, finché non raggiunsero la foresta. Lei aveva paura del drago che vi abitava e aveva timore di addentrarvisi senza il suo cavallo. Ma l'orso continuò il suo lento cammino senza guardare indietro.

Allora lei lo seguì attraverso la boscaglia, sopra a radici e sassi. Il suo lungo abito si incastrava tra i rovi e lo dovette tirare e strappare per riuscire a proseguire. Dopo poco tempo del vestito non rimase che un brandello.

Alla fine, l'orso si infilò in una grotta, senza guardarsi indietro. La principessa rimase là fuori tremante. Si era fatto già buio e la foresta appariva fredda e minacciosa. Aveva paura nel seguire l'orso nella tana ma, a un'ora così tarda, non aveva ormai altra alternativa, se non voleva diventare facile preda per il drago.

Gattonò attentamente attraverso il buco che conduceva all'ingresso buio.

La principessa sgranò gli occhi quando vide che l'animale era steso su un caldo giaciglio all'interno, circondato da tre cuccioli che cercavano con tutte le loro forze di accaparrarsi il posto migliore vicino alla madre. Era una mamma orsa!

„Ormai che mi avete seguita fino a qui, rendetevi utile", disse l'orsa alla principessa. „Tra poco verrà l'inverno e questi tre piccoli avranno bisogno di molto cibo per riuscire a superare l'inverno."

„Voi mi aiuterete allora?", domandò la principessa ma, per tutta risposta, l'orsa brontolò profondamente e le indicò un letto di paglia all'altro lato della grotta.

Il mattino seguente l'orsa svegliò la principessa già prima dell'alba e le disse: "Dobbiamo raccogliere bacche."

La principessa trovò subito molte bacche e le raccolse con orgoglio in una piega del suo abito, utilizzandolo come bisaccia per portarle nella grotta.

„Volete avvelenare i miei piccoli?", rugliò l'orsa furiosa, poiché la principessa non aveva saputo riconoscere le bacche commestibili da quelle che non lo erano. Le aveva raccolte tutte senza fare una distinzione. Con una zampata, la mamma orsa le gettò fuori dalla grotta.

Il mattino seguente, di nuovo, l'orsa svegliò la principessa già prima dell'alba e le disse: "Dobbiamo raccogliere radici."

La principessa scavò tutto il giorno con le mani nude nella terra della foresta finché, con le mani sanguinanti, riuscì a portare molte radici nella grotta.

„Volete uccidere i miei piccoli?", brontolò l'orsa, di nuovo furiosa, poiché la principessa non aveva saputo riconoscere quali radici fossero morbide e dolci e quali dure e non digeribili. Con una zampata, la mamma orsa gettò le radici fuori dalla grotta.

Il terzo mattino, di nuovo, l'orsa svegliò la principessa già prima dell'alba e le disse: „Non sapete riconoscere né le bacche né le radici. Ma di certo non potete sbagliare con i topi. Andate e catturate topi."

Alla sera la principessa ritornò con le mani vuote, poiché non aveva avuto la pazienza di aspettare seduta davanti alle loro tane.

„Così i miei piccoli non supereranno l'inverno", disse l'orsa delusa.

„Mi dispiace molto di non esservi stata di alcun aiuto", rispose la principessa con il viso basso. Ma l'orsa si limitò a brontolare profondamente, stendendosi a dormire con i suoi piccoli.

Il mattino seguente la principessa si risvegliò con la luce del sole. L'orsa era andata da sola alla ricerca di cibo. I tre piccoli orsetti sedevano nel loro angolo e la guardavano ansiosi.

„Che cosa ci porterai oggi?", le domandarono. „Siamo già molto affamati!"

Allora alla principessa venne un'idea. Corse fuori nella foresta e spezzò un lungo bastone da un cespuglio. Vi legò intorno una corda fatta con una pianta. Poi raccolse dei vermi che intendeva utilizzare come esca. Con quello strumento corse al fiume e si posizionò su una roccia. Aveva osservato tanto il suo sposo da quella angolatura, che ormai conosceva tutte le mosse a memoria.

Alla sera portò nella grotta un grembiule pieno di pesce fresco.

Questa volta l'orsa grugnì soddisfatta. Dopo che ne ebbero mangiato un bocco ne insieme, seccarono gli altri su un fuoco nella grotta, così da mantenerli come provvista.

Nei giorni seguenti catturò così tanti pesci che l'orsa e i suoi piccoli misero su velocemente una sacca di grasso e le provviste di pesce secco aumentarono a dismisura.

Ma un giorno l'orsa non uscì dalla grotta e, quando la principessa si volle mettere in viaggio per andare a pescare, trovò il mondo fuori dalla grotta coperto di neve e di ghiaccio. Persino il fiume era gelato.

Quello parve alla principessa il momento giusto per chiedere consiglio all'orsa. Ma quando si rivolse all'animale, questo dormiva così profondamente che non fu possibile svegliarlo nemmeno scuotendolo forte.

Allora la principessa decise di ritornare indietro al castello e tentare di nuovo in primavera. Ma la neve era talmente alta da coprire il sentiero e lei non sapeva più in quale direzione dovesse camminare. Inoltre, non aveva più un mantello ed era quasi gelata per il freddo.

Perciò si diresse nuovamente verso la grotta, per trascorrere lì le settimane più fredde, vivendo di bacche e pesci secchi. Nevicò così tanto che per molti giorni non fu possibile neppure uscire, tanta era la neve che bloccava l'entrata della grotta.

Dopo molte settimane, udì finalmente cinguettare il primo uccello e si guardò intorno con attenzione. Le prime piante di croco e l'erba fresca iniziavano a spuntare dallo spesso manto di neve.

L'orsa e i suoi piccoli erano molto dimagriti durante l'inverno, dunque la principessa decise di tornare subito al fiume per procacciare pesce fresco, prima che la famiglia si svegliasse.

E proprio in quel giorno avvenne che, a quell'ora, il suo sposo giungesse cavalcando in quella direzione. Anche lui era rimasto bloccato per l'inverno. Aveva fatto fortuna lontano e aveva atteso la primavera per ritorno al castello. Quando vide una ragazza pescare al fiume in piedi su una roccia, proprio come faceva lui, si fece curioso.

I vestiti e i capelli della ragazza erano così sporchi e strappati che lui non la riconobbe. Proprio mentre si stava per avvicinare per parlarle, vide un orso trottare verso la ragazza.

Allora sfilò la balestra e mirò all'animale.

Quando la principessa vide il cacciatore e percepì il pericolo, saltò davanti all'orsa e allargò le mani per proteggerla. Neppure lei riconobbe il viso conosciuto, e temette molto per la vita della mamma orsa.

„Non fatele male! Non è necessario che colpiate, cacciatore! Non vi è alcun pericolo.“

E quando entrambi si osservarono, si riconobbero all'unisono.

Felici si abbracciarono e risero e piansero insieme.

„Ora potete andare a casa“, disse l'orsa. „Non vi serve più il mio aiuto. L'aiuto che volevate comprare da me una volta, lo avete trovato da sola. L'inverno è finito. Io devo andare e mostrare ai miei piccoli il mondo, così che ognuno di loro vi trovi il proprio posto.“

La principessa abbracciò la mamma orsa con riconoscenza, le allungò i pesci che aveva procacciato e si arrampicò sul cavallo dietro al suo sposo.

„Non dimenticate la grotta. La troverete sempre lì e, se avrete bisogno di aiuto, lì troverete in autunno una ghianda dorata“, disse l'orsa. Poi si voltò e trotterellò via.

La principessa e il suo sposo cavalcarono verso il castello. Grandi furono la gioia e la sorpresa di ritrovare entrambi uniti e felici dopo tanto tempo.

Da quel giorno in poi il re e la regina istituirono il divieto di cacciare gli orsi.

E ogni autunno la principessa andava al fiume e lasciava là una grossa cesta piena di pesci. E ogni anno si avvicinavano tre orsi con i loro piccoli per prenderla.

Le singole fiabe sono disponibili anche come e-book in italiano, tedesco e inglese

Gli incantatori dei serpenti

Il libretto segreto

Il capotto ricamato

La chiave azzurra

Il messaggero del re

Il dado magico

Gli occhiali d'orati

Le tre perle

Quattro ferri di cavallo rossi

La prova di coraggio

L'incantesimo della fata dell'acqua

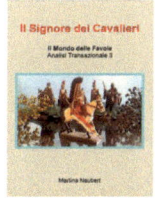

Il seniore dei cavalieri

Le favole sono tradotte dal libro tedesco e sono anche disponibile in inglese

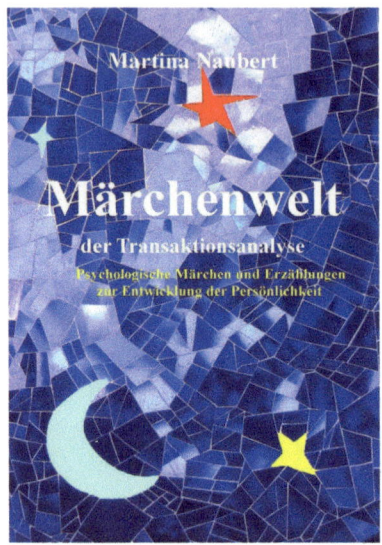

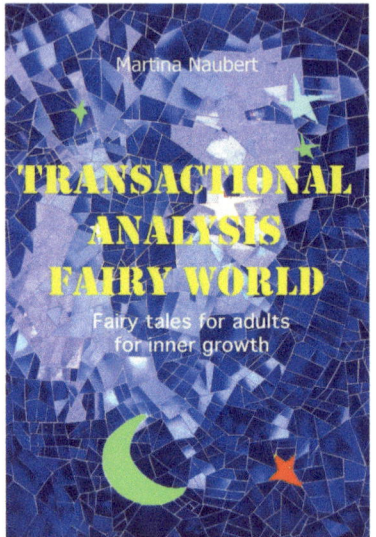

Märchenwelt der
Transaktionsanalyse
ISBN: 978-3-7431-6319-5

Transactional Analysis
Fairy World
Planned publishing 2020